古本催官篇集注

〔宋〕赖文俊◎撰
李佳明◎点校

九州出版社
JIUZHOUPRESS

图书在版编目(CIP)数据

古本催官篇集注 /（宋）赖文俊撰；李佳明点校. —北京：九州出版社，2016.6

ISBN 978-7-5108-4494-2

Ⅰ. ①古… Ⅱ. ①赖… ②李… Ⅲ. ①风水—中国—宋代 Ⅳ. ①B992.4

中国版本图书馆 CIP 数据核字(2016)第 141927 号

古本催官篇集注

作　　者　(宋)赖文俊 撰　李佳明 点校

出版发行　九州出版社

地　　址　北京市西城区阜外大街甲 35 号(100037)

发行电话　(010)68992190/3/5/6

网　　址　www.jiuzhoupress.com

电子信箱　jiuzhou@jiuzhoupress.com

印　　刷　三河市九洲财鑫印刷有限公司

开　　本　710 毫米×1000 毫米　16 开

印　　张　16.75

字　　数　220 千字

版　　次　2016 年 8 月第 1 版

印　　次　2016 年 8 月第 1 次印刷

书　　号　ISBN 978-7-5108-4494-2

定　　价　48.00 元

目　录

催官篇注之一

催官篇注之二

催官篇注之三

催官篇注之四

催官篇注之一

催官篇注之一

催官序

宋赖太素著《催官篇》以仰观为俯察，能转移造化，控制山川，余读之而叹：论地者之莫如《催官》也。故《四库全书》罗归术部，惜后人被二十四天星所误，凡遇星之贵者即贵之，贱者即贱之，执泥鲜通，遂致施行无效。惊疑之下，有背道而驰者矣。余惧星学不明，特取《催官》而详注之，觉二十四位皆有贵有贱，用之原不可拘也，大旨在斯赖仙其许之耶？

瀚又识

评　龙

催官第一天皇亥龙，剥龙换入天市艮东。阳璇巽少微酉左关局，廉贞卯火形也起祖峰重重。

亥龙左旋入艮巽酉，亥纳于震，震博艮，是后天入先天。

右关廉贞卯降枢兑艮酉，变换太乙巽东南雄。

震亥龙右旋入艮酉，变换到巽。

上六句言龙，艮兑，震巽，皆先天夫妇；震兑后天夫妇。

穴承阳枢艮乘生气，或更受穴天皇亥宫。天皇亥太微丙为正向，阳枢穴癸为上龙。

穴乘艮气，或亥气，穴癸向丙则气真。

上四句言穴。

四神八将应位起，

此句言砂四神，乾坤艮巽也。应位，合位也。

三火并秀三阳冲。

此句承上起下。三火，星房虚昴为君火，张心危毕为相火，翼尾室觜为正火，分配于子午卯酉、甲庚丙壬，谓之八将。三阳，巽丙丁也。冲即洋潮之义。

水以巽丙丁为三阳，砂以丙午丁为三阳。

三阳洋潮入庚震，

此句承上言水三阳朝来，入于庚，或入于卯，评水云“三阳水朝归鬼乡”，卯庚即鬼乡也。

食邑开府应三公。更出仙翁与佛子，蓬莱真境超凡风。

首言亥龙左右旋，次穴气，次砂，次水，至此言应验，其妙用总在太微正向，太微丙也，为火局，四神属木，为食神，八将属火，为旺神，龙水复合净阴，极美之地。若立丁向、三阳水，八将砂尚合，而四神变作杀神，又可畏已。

天枢艮起祖降兑巽，变艮作穴官位同。

艮龙入酉，或入巽，复穴艮，得四神八将砂，三阳水，官位同亥龙，然人见催官，止赞阴龙，遂误会阴龙之贵，而不知阴亦有贱龙；误会阳龙之贱，而不知阳亦有贵龙。所以走遍山冈，茫无证？，视神奇为诞妄，而诋之诽之，可乎哉？

少微酉起祖降枢巽，亦主富贵永兴隆。

酉龙忌入巽，然先入艮，再入巽不忌。譬之五行，金本克木，中间以水则相生，故富贵。

六秀变出紫薇局，砂水应位官无穷。

六秀，艮丙巽辛酉丁也。紫薇，亥也。然至诀不论何龙转何龙入首，总宜砂水应位，方随位之高低、大小、精粗而发。不应位，龙虽合，砂水不我用，无益也。

六秀行度间震庚，三吉受穴文武崇。

三吉，卯庚亥也。六秀行龙，间以卯庚，转卯庚亥受穴，为文武并出之龙。

阳衡卯起祖降三吉，震庚受穴武应同。

纯系卯庚亥行龙，主武贵；带巽辛，则文臣掌兵权。

亥山一丈能致富，巽水一勺可救贫。辛山十丈富相亲，难养过房异姓人。

亥辛二山，收为食神，必发贵。若仅收入旺方，亦堪致富。巽水一勺即能救贫，若洋洋大潮，其富可胜言哉。不知巽兼巳，主冷退；巽兼辰，为杂乱。凡巽水巽龙巽向，止可巽一位，最忌相兼，此一勺之意也。末言难养过房异姓人，盖谓亥水亥龙亥向、辛水辛龙辛向，皆如巽之不可兼也。

震庚砂水秀朝位，持节边疆统卒戎。

卯庚砂水主武。

少微酉转巽还少微，人财昌炽官职卑。太乙巽少微复太乙，亦主文官持彩笔。

酉居正西，金气盛，忌入巽为反杀，然复归酉位，遂以赀为小官。巽在东南木火方，具文明之象，忌入酉为正杀，然复还巽位，遂以彩笔名世，而宦囊厚已。

迢迢西兑入天皇亥，清贵翰苑夸文章。天皇迢迢入西兑，亦主清贵寒水霜。

酉亥属金寒水冷之乡，然酉入亥，金来生水，犹能琴鹤相随。亥入酉，则清寒之贵，等于水霜已。

迢迢天皇亥剥入艮，富贵兼美芝兰芳。

艮属财货贝玉，震之先天在艮，亥为震，纳亥入艮，是后天入先天，故美。

天皇天市龙第一，巽辛兑丁官可必。最喜廉贞作祖宗，廉贞作祖为官疾。

世人只羡天皇，皆篇中“第一”两语愚之也。不知二十四位，独亥为紫微垣，曰催官第一天皇龙，尊帝德，非尊亥龙也。由是巽辛卯庚未酉丁巳丑艮丙类而举之，曰开府三公，曰官位同，曰文武崇，曰持节边疆，曰翰苑文章，曰官可必，曰为官疾。将十二阴龙指破，特未暇言其凶耳，一以天机难尽泄，一以文势无可安，不得已将阳来乱阴之凶处，略为点明，又恐人弃阳龙，因复以公侯生、官班荣等语，明阳龙之亦贵，而实非贵阴阳也。篇中皆有一圆通法，人亦圆通而读之，可也。

阴枢丙南极丁及天汉庚，行龙受穴最荣吉。

丙丁为三阳火，为寿星，为赦文，庚纳震，有胆识，故最荣吉。

天屏巳巽丙同逶迤，只主优游富衣食。

巽主文，奈为巳制。巳纳于酉，巽畏酉，巳为煞党，故巳巽丙同来，仅得优游衣食，然犹幸丙之开赦也，否将冷退瘭胎矣。

鬼牛二气灾害萌，拜礼神佛崇香灯。二煞即未鬼丑牛独行岂为吉，宜与丁艮相兼行。丁艮行龙局度吉，男女多痣家丰盈。

以上统论阴龙之美恶，未与丁同行，主寿考，兼坤则出尼姑道姑师婆，或寡母私通僧道。丑与艮同行，主大富，兼癸则兄弟相残，或女祸，或随母改宗。

阳权午软伏蜂腰起，阴权壬砂水来相迎。切忌亥戌来照穴，鼓盆戌反复灾相仍。

午龙软伏，得壬砂壬水来迎，最美。然午畏亥，壬与亥界，亥煞不清，复会戌多祸。此论离龙喜忌，勿误为凶多吉少也。

阴权壬坎癸贵精俊，冈势磊落如流星。阳权午砂水秀朝穴，龙虎把卫公侯生。

产公侯，阳龙贵矣。冈峦精俊，龙虎抱卫，砂水秀朝，阴龙亦如是。

阳权午阴光癸砂水秀，阴阳砂拱官班荣。阳光子瑶光癸阴权壬位，行龙懒缓生泉泓。阳龙单行更高耸，孕生六指无猜疑。

壬子癸龙，砂秀水朝，极美。若懒缓则生泉，子龙单行又高耸，孕生六指，砂水如合，应六指人富贵。

阴玄坤行龙兼鬼气，少亡孤寡兼尼僧。

坤龙只喜兼申，兼未则少亡孤寡兼僧尼。

阳玑乾单来最凶恶，绝嗣无主坟荆榛。

乾以老亢，退处西北，绝无生机，能与戌同行，尚带离宫生气，若单行无辅，主绝嗣。坤单行同。

魁罡戌辰行龙不堪穴，少亡恶逆当争竞。山奇水秀穴周密，暂可致富随伶仃。

戌应娄，辰应亢，为天罗地网，与辛巽同行，主少亡恶逆，纵山奇水秀，亦暂能致富，随即伶仃。若戌乾乙辰同行又吉。

阴玑甲天棓寅若受穴，痼疾疯跛人生盲。寅甲行龙穴奇巧，仅可一发人温饱。

《玉尺经》曰：寅甲行龙，那堪疯疾缠身。《天玉外传》：寅甲破局，主疯跛残疾，盲目疙背。以寅带艮，甲联卯，方有此应。若寅甲双行不杂，则又如少年蜚声科第，必是水来寅甲，岂仅温饱哉？

阳龙懒缓不须裁，形孤穴露生凶灾。龙行起伏如万马，阳局周完要奇推。

自阳权软伏至此，统论阳龙之吉凶。

《催官》评龙，执而论之，则阴龙吉，阳龙凶，而实各举一条以例其余也。如亥龙贵矣，遇天关水，不能消，主杀戮，或懒缓带乾壬，穴形孤露，亦生凶灾。张九仪说读至此，换一“阴”字诵云：阴龙懒缓不须裁，形孤穴露生凶灾，是深知《催官》者矣。

世人只爱龙逶迤，不明曲折兼醕醨。天皇亥行龙莫曲折，巩乾权壬气杂非瑰琦。

行龙喜曲折、喜逶迤，第恐气不清纯，而犯阳差阴错，如亥龙在乾壬界缝中，左旋丑艮醕，杂入壬子为醨，右旋辛酉醕，杂入乾戌为醨。醕吉醨凶，不可不察，此以下皆发明醕醨之义。

天市逶迤失正气，天苑甲天棓寅为深疵。阳旋巽切忌间亢辰气，兑庚委曲咸利宜。阴璇亦忌间娄戌气，乘气慎勿差毫厘。

艮净阴，寅甲净阳，艮故忌间寅甲。巽间辰，辛间戌，俱阳差阴错，不吉。兑庚气净，委曲愈宜。酉辛又不可间，以巽畏酉，辛纳于巽也。穴中乘气，亦忌阴阳杂乱。

龙辨中抽左右落，吉凶官职定荣削。左落乾亥如双行，乾多亥少那堪作。右落乾亥如同行，亥多乾少堪裁度。中抽乾亥如平分，可作行龙穴休凿。

亥以单行为贵，左落亥少乾多，亥气不清，不堪作穴。右落亥多乾少，或乘亥气，或乘乾气，俱当裁度。裁度不真，穴亦不堪作。至乾亥平分之脉，二气混淆，只作行龙而已。

壬亥双行详左落，亥多壬少官荣爵。双行右落龙不纯，壬多亥少家消索。中抽壬亥如平分，转换真奇莫差错。

亥壬龙宜左落，不宜右落。平分之脉，则贵转换真奇。

单行中抽爵禄縻，左落乾顶真龙亏。右抽壬顶为四辅，龙行官旺何须疑。

亥龙单行，爵禄自縻，左落带乾，则亥之真气已亏。右抽带壬，为四辅，是亥龙行官旺之乡，尚未到头结穴也。

艮顶中抽为第一，最喜直龙嫌逶迤。左落丑顶为半吉，右抽寅顶生疯痍。

艮龙亦喜直出单行，而嫌曲折，左落丑半吉，右落寅凶。以丑艮合净阴，而寅杂于阳也。

丑艮对顶平分出，颖异亦主生光辉。丑艮双行从左落，丑多艮少生灾危。丑艮双行从右落，艮多丑少荣孙枝。

丑艮双行俱吉，但艮为天市，较丑尤美，此于净阴法中，又进论天星也。

寅艮中抽不宜穴，左落艮顶堪扶持。寅艮右落岂为吉，梧星作主生灾非。

艮寅不可双行，寅箕星，主疯疾，同艮行，为煞曜带廉贞。

震山中落最为吉，若兼甲乙宜深推。震甲双行犯疯疾，震乙继赘螟蛉儿。

卯之忌间甲乙，犹亥之忌间乾壬也。龙脉水路向皆然。

离丙双行切忌，天降回禄灾轝飞。

午丙双行，主回禄。

辰巽双行非精美，左落辰顶堪嗟吁。

辰阳巽阴忌双行，而左落之辰顶尤恶。

辛戌双行本非吉，左落辛顶多镃錤。

辛阴戌阳忌双行，而左落之辛顶堪取。

丁山正落始为吉，午未气杂家陵夷。

丁未兼行吉，杂午则凶。

起顶降脉定偏正，他宫仿此须无违。

以上四十六语，皆言曲折醕醨，为取气一大关键。端主净阴净阳，看左右中三落，或多或少，或正或偏，均于起顶降脉处定之。

衰病绝乡为福薄，死墓混杂家流离。冠官生旺胎养位，不须更论阴阳疵。

此从净阴净阳，而又进看生旺也。谓龙来自衰病绝乡，脉虽清净，为福亦薄。自死墓方来，加以阴阳混杂，为祸更重。自冠官生旺胎养方来，则不须更合阴阳，止要穴真，亦能发福，可知赖氏看龙，并不泥夫净阴净阳也。

四龙剥换为上吉，卦变二三者尤希。一卦独行名专一，

九星配八卦，龙本有八而曰四者，分阴阳两片言也。阴龙四，阳龙四，阴剥换阴，阳剥换阳，阴阳勿杂出，阴阳勿双行，诚上吉卦。变二三者，如亥庚震龙，剥换艮丙，为后天入先天；剥换兑丁巳，为后天夫妇；剥换巽辛，为先天夫妇。专一者，如亥龙，剥换震，剥换庚，剥换未，剥胎换骨，总居一卦之中。余可类推。

正龙落脉无栖迟。栖迟闪侧为伪落，亦须造化无参差。

正龙中抽之脉，决不栖迟，栖迟则为伪落，盖恐造化中有参差也。

真龙伪落为变局，龙钟穴的难推移。砂秀水朝为吉助，剥龙合向登云衢。伪行真落虽速发，但恐换骨有兴衰。

真龙伪落，如行龙节节阴脉阳仝，到头忽杂阳脉阴仝，虽变化不穷，总以龙钟穴的，实难推移，又得砂秀水朝，应吉位起，然后剥龙合向，则催官不难已。伪行真落，是阳龙行度阴仝，忽落数节阴脉阳仝，穴名暂福，前人有求速发而葬之者，但恐推到换骨处，兴衰立见也。

详观砂水定品秩，收放乘气为真机。土圭测位勿草草，心意消息毋昏欺。龙穴砂水至心要，为君备赋催官诗。

龙真穴正，观砂水而品秩可知，其机全在收真气，放伪气，慎勿草草，使方位有差，而吉凶不准也。

赖仙是从入首看龙脉，一路看到祖宗，以净阴净阳法推之，能合河洛先后天纳甲诸局，更妙。杨则先看祖宗，属何星体，亦于峡上反身看龙脉前往何方，即知前去有地无地，地大地小，其法如神，详拾铅龙篇。

评　穴

天皇评穴亥

催官第一天辅壬穴，天皇亥气从右耳接。穴宜挨左微加乾，天皇气贯穴无泄。四神八将俱朝迎，紫绶金章在前列。

亥龙壬穴，从右耳接亥气，挨左微加乾，亥气自然贯穴，又得四神八将砂应位，故佳。

天皇亥气射天厩乾星，微挨西兽白虎边加壬行。天厩气空始为吉，耳受左气官班荣。

亥龙乾穴，从左耳接亥气，微挨白虎边，加壬将乾气放出。

天皇气冲穴北道癸，挨左立穴为枢艮要。稍加乾位细推详，右腧乘气毋冲脑。

亥龙癸穴，挨左艮而稍加乾，则亥气从右腧入，凡腰腧受气者，杂气易于冲脑，故戒之曰毋。

天市评穴艮

催官第二穴宜癸，天市艮正气左冲耳。穴挨西兽微加寅，衣锦荣华耀闾里。

艮龙癸穴，从左耳受艮气，宜挨过白虎边，微加寅于气线中，放清寅气。

天市行龙太微丙向，气冲左腧官资旺。阴阳相见福祥来，二枢配合相随唱。

艮龙丙向，从腰腧受气，艮为阳枢，丙为阴枢，二枢配合，阴阳相见，力可催官。

白虎通云，腧穴在脊中对脐，各开半寸。

凡取气于放棺时，仔细将山顶来脉兴棺之左耳、右耳、腰腧俱挂气线，看清收何气入，放何气出，必求真的，慎勿昏迷。

壬癸背一面九离，河洛理数无相违。四兽四垣各正位，五气顺逆相凭依。

此论丙丁二向之美也。壬癸一宫，丙丁九宫，背一面九，据之河洛理数，有相合，无相违也。四垣者，紫薇、天市、太薇、少薇也。四兽者，青龙、白虎、朱雀、元武也。各正位者，二十四山，惟坐坎朝离之地，而四垣四兽，各得归其本位也。《玉尺》云：戴九履一，天地之中数居尊。信欤。

天市迢迢穴阴玑甲，气冲右耳无逶迤。天厨丑微加穴粘左，富贵文武官崇巍。

艮龙甲穴庚向，以右耳乘气，切勿逶迤，逶迤则艮气不真，故粘左微加丑。

阳枢艮穴坐天官乙星，右腰乘气多荣名。若得阳璇辛山秀起，含书饫史称明经。

艮龙乙穴，右腰乘艮气，若得向上辛峰秀起，发文贵。

阳枢为龙向西兑，右耳乘气最为贵。穴宜挨左加厨星丑，阀阅荣华定无艾。

艮龙卯穴酉向，以右耳乘艮气，穴宜挨左加丑边。

天市行龙向阳璇巽，气冲左腧通微元。屋润家肥积金帛，只恐夭折亏天年。

《玉尺》云：少男逢长女，寿算减兮福丰隆。以巽木之克艮土也。

阴璇评穴辛

催官第三天厩乾穴，天乙辛行龙右耳受。挨左立穴加少微酉，中男及第纡紫绶。

辛龙巽向足催官。

阴璇穴酉向东震，天乙气从左耳进。微进娄戌位勿多加，巡警小官亦英俊。

辛龙卯向，龙与酉山相克，局穴周密，纵官亦微。

阴璇辛龙向天市垣艮，气从左腧推其源。玉堂金马无分到，儒官俊雅多田园。

辛龙艮向，辛为文章，玉堂金马，分也。何以云无分到乎？古云：砂明水秀方又吉，玉堂金马声名疾。砂水明媚照凶方，祸轻犹主清俊乞。祸至于乞，则儒官亦无分到矣。尹氏曰：天下有辛龙艮向，而翰苑驰誉者，亦有辛龙艮向，而家徒壁立者，盖消砂纳水之有方也。

阳璇评穴巽

催官第四穴宜乙，阳璇左耳气冲入。天官乙借坐加青蛇巳，禁阙震官须夜直。

巽龙辛向，以左耳受巽气。

太乙巽行龙天屏穴巳，右耳受气真奇绝。亢金辰杀位勿多加，巨富小贵人英杰。

巽龙巳穴，巽畏酉，巳为酉党，克制巽龙，但以亥向发富而已。此可悟穴中作用之机。

太乙行龙向阳枢，左腰乘气无差殊。砂奇水揖龙精异，诗书富贵多金珠。

巽龙艮向，以左腰乘气也，凡穴与龙相隔四五位者，务将伪气出清，毫不差殊，方可。砂奇水揖龙精异，不论何龙，俱当如此。

阳衡评穴卯

催官第五穴宜甲，阳衡卯气从左耳发。穴挨西兽加天官乙，持节边疆掌生杀。

卯龙庚向，得庚亥未，砂秀水朝，主出将帅。然必酉方无陷，庶免阵亡。

阿香卯东来穴天官乙，气贯右耳尸灵安。微加甲位穴粘左，先文后武荣官权。

卯龙辛向，宜辛上有山，秀美精英，主先出文贵，后出武贵，是砂水之効惟先，龙神之应在后也。所以杨赖多凭砂水，求效初年，次看龙神，以图久远。

天汉评穴庚

催官第六向东震，天汉庚气从右耳进。微加申位多荣名，富压乡邦众钦信。

庚龙卯向，气从右耳入穴，微加申，则申气放清。

天汉正向天市艮星，气奔左耳真奇清。微加酉兑穴粘右，水朝局备家资盛。

庚龙艮向，庚气奔入左耳，穴粘右边，微加酉。

南极评穴丁

催官第七穴宜坤，南极气从右耳奔。要使亢阴未勿贯穴，微加天广荣家门。

丁龙艮向，须防未气间杂，要挨过午方，俾丁气从棺头右耳入，未气从棺头余土外过去，方出得清。若以腰乘，则未气贯耳矣。此中大费消详，正宜立视穴中，细心体认。

南极行龙天皇向，气冲左耳乃为上。穴挨西兽微加羊未，阳权午慎勿毫厘间。

丁龙巳山亥向，中间午字，收丁气，须出午气，挨入未方，则午气从棺头余土过去，不混入棺。

太微评穴丙

催官第八丙龙乙，气冲左腧英才出辛向。太微之龙穴粘巳，气贯左耳富而已亥向。

丙龙辛向，气贯脊腧，英才出。亥向则气贯左耳。惟发富已。

太微行龙向阳枢艮，右腰乘气无差殊。穴宜挨左加青蛇巳，亦主人旺家资富。

丙龙艮向，以右腰乘丙气，必将午气出清，故挨左加巳。

少微评穴酉

催官第九兑山艮，左耳气冲无多斋。略加天乙辛贵龙来，亦主文章典州郡。

酉龙艮向，左耳受气，略加辛，兼收辛气矣。

金鸡酉来向天门啼亥，气冲右耳天庣虚。微加天汉庚水砂朝，少年一举登科第。

酉龙巳向，必将乾气出清，兼收庚气，再得砂朝水秀，少年登科。

金鸡啼向扶桑东卯**，气冲脑散亏神功。庚辛受穴始为吉，官职荣显资财丰。**

酉龙卯向，犯气冲脑散之尤，中顶刚硬，当用杨公开杖葬法，一棺辛，一棺庚，方美。

少微正向宜配丁，右腰乘气官职轻。若转天皇脉受穴，右耳受气公侯生。

酉龙丁向，以右腰乘气，恐杂壬子气入，惟脉转天皇，以右耳收气，主出公侯。

《催官》每章带一官字，谓龙龙可催官，穴穴可催官也。然一命之荣尚少，况公侯乎？无怪人之疑诋也。如此章酉脉丁向，正合催官之意，而又云官职轻，是自相矛盾已。不知八归元龙、八归元水，俱可催官，而要看用法之果能中窍否也。

阳权评穴午

催官第十穴天贵丙**，阳权左气从耳注。微加南极**丁**局周回，砂水合矩公侯至。**

午龙丙山壬向，午气从左耳注穴，微挨丁方，局势周回，砂水又合规，公侯至矣。

离穴迢迢应日星，丁穴右耳乘炎精。微加天贵毫厘位，立见骤富官职荣。

午为日、为炎精，午脉癸向，气从丁穴右耳入，微挨丙方。

天辅评穴壬

背一面九乘天辅，气从右耳为合矩。穴宜挨左加天皇，富贵荣华振乡土。

壬龙子穴午向，一九解见上。

壬山迢迢穴天市，天辅气奔冲右腧。穴左微侵半分亥，富贵声名响闾里。

壬龙艮穴，右腧受气，穴挨左，微带半分亥，慎勿挨多。

天辅穴向天官乙星，气从左腧通元灵。穴宜挨右加阳光子，亦主财赋人英杰。

壬龙辛穴。

阳光评穴子

穴坎阳光右耳通，龙脉真俊生英雄。切忌阳光气冲脑，家资退落应如扫。

子龙子穴，当以右耳乘气，切忌冲脑。

阳光穴坐天艮垣，气冲右耳乃为元。宜挨左加天辅穴，孕产六指多田园。

子龙艮穴，右耳乘气，宜挨左加壬。

阴光评穴癸

催官十三向元戈坤，阴光俊美右耳过。挨加微就半分月子，富贵便见风流多。

癸龙坤向，龙神俊美微加子，令人想张籍当年。

阴光癸穴坎向阳精午，左耳乘气不为轻。穴宜挨右微侵牛丑，出人英俊资财盛。

癸龙子穴，左耳乘气，微挨丑方。

元戈评穴坤

丁穴回环局周锁，元戈耳入气冲左。穴挨西兽微加申，龙脉精奇发如火。

坤龙丁穴，评云龙脉精奇发如火，可见粗顽之不发矣。

坎离交极少生气，老阴坤不交龙不备。水朝砂秀亦堪夸，坤癸离壬纳于是。

坤龙坤穴，是老阴不交，纵水朝砂秀，亦当求坎癸申辰、离壬寅戌山向。

阳玑评穴乾

亢阳乾无生甲从乾，气从腧入非天然。阳局不奇必凶恶，鳏寡绝嗣灾害绵。

乾龙甲向，气从腧入，足催官，但乾为老亢，退处西北，必求配合，或带戌，或转壬，或朝甲，俱可。若局势不真，即鳏寡绝嗣，可畏。

阳巩来龙宜向乙，迢迢左气从右入。穴宜挨左微侵娄戌，水朝局备家豪实。

乾龙乙向，以坤纳乙，为先天夫妇，有生机也。气从左来右入，微加戌位，又合后天用神。

鼓盆评穴戌

戌山迢迢宜向乙，鼓盆戌左气奔耳入。龙行起伏向洋朝，巨富但恐人残疾。

辰戌库地，主财宝，然亦有大贵者，如孔墓戌、孙墓辰是也。评云残疾，亦犹巽之冷退也。

鼓盆龙向天苑星甲，行龙懒缓灾非轻。穴挨西兽细消详，水朝局备家资盛。

懒缓之龙，无论戌，即三吉六秀，灾亦非轻。然戌龙懒缓，犹曰家资盛，倘使精俊，未必不宰辅生也。

功曹评穴寅

功曹坐艮向元戈坤，左耳乘气无偏颇。微加甲位局周全，龙脉精奇发如火。

寅龙艮穴。

功曹正向天关星申**，龙脉颖异穴堪亲。砂水不备总凶恶，寡母怪疾多生嗔。**

寅龙寅穴申向，评云砂水不备总凶恶，此二十四穴之通评也。发福大小，为祸重轻，证于龙穴，实证于砂水。砂水不备，龙穴必凶，非重砂水也，皆龙穴之未结作耳。龙穴结作，正惟砂水是凭。砂飞水走，龙不停水聚砂迎龙乃止。砂有三吉，水有四吉，点穴之法，无易于此，无妙于此。

阴玑评穴甲

阴玑穴巽向乾峰，气从右腧家兴隆。左右不交龙失度，鳏寡疯疾动瘟风。

失度之龙，甲配乾向，亦鳏寡疯疾，可知理气必需形势矣。

阴玑起伏龙向坤，左耳乘气福无穷。宜穴粘左微加寅，龙奇局锁方堪用。

甲龙坤向，以左耳乘气，穴粘左加寅，固美，然使龙不奇局不锁，不堪用也。龙奇局锁，形势十分美已。龙龙当如是，穴穴当如是。

亢金评穴辰

亢金穴巽向阳玑乾**，气从右耳为合矩。天官**乙**微用穴粘左，巨富但恐无期颐。**

辰龙乾向，为龙上天门，得丁砂高拱，寅申水来亦主寿。

亢金行度向元戈坤**，左腧乘气力比和。天官微加穴挨左，龙要精奇局要锁。**

辰龙艮穴，评又云龙奇局锁，公之训诰再三矣。盖欲人之重形势也，即如乘气，亦辨于峦头，岂凭空谓收某气入，放某气出乎？

天常评穴未

未山起伏龙向艮，天常未气冲右耳边。穴挨左位带丁来，左道荣华人贵显。

未龙坤穴，鬼金隶未，主左道，穴收其气，虽贵显，亦信崇仙佛。

天关评穴申

天关龙坐天汉星庚，气从右耳须细寻。微加天钺坤辅龙行，水朝局锁人财盛。

申龙穴庚向甲。

申山局向瑶光宫癸，左耳乘气力为重。元戈微加穴居左，龙蹲虎踞家资荣。

申龙穴丁向癸。

赤蛇评穴巳

赤蛇头向天门北，直来直向神功烈。巽丙受气最为良，富贵荣华人英杰。

巳龙巳穴，直来直受，然亦必加乾，或加壬，收巽丙气，方美。

天厨评穴丑

金牛走向太微垣丙，气奔左耳龙脉全。阳枢艮微加穴粘右，水朝局锁多田园。

丑龙壬穴。

天厨龙向南极星丁，左气冲耳资财兴。穴挨西兽加阳枢，富贵人钦左道灵。

丑龙癸穴，富贵而精异艺。

天官评穴乙

天官坤向穴天市艮，气奔左腧乃为利。亢金辰微加穴粘右，亦主富贵人招赘。

乙主螟蛉继赘。

评穴总诀

气从耳入官易期，气入腰腧官应迟。耳腰乘气有多寡，乘气慎勿差毫厘。

腰腧受气，不如耳之速，亦不如耳之清。盖山脉横来，真气方入腰腧，又恐耳边有伪气也。

二十四穴乘气，俱阴龙阴向、阳龙阳向之法，然实因山水之宜耳，幸勿拘。

评　砂

催官之砂惟四方，云霄屹立官爵强。四维峰低叠叠起，千仓万箱耀州里。奇峰列秀有三角，黄金白玉尚奢侈。若还有路破峰峦，官事相连败田地。四神鸟石生点驳，家业终须见萧索。

以上统论四维砂。

乾坤艮巽为四维，有砂精俊，屹立云霄，砂高大，官亦高大；若低小峰峦，叠叠而起，则千仓万箱，富耀州里，不能为官，即官亦小矣。三角，乾坤艮也，言四维不备，但得三角峰高，亦富。路破峰峦，或鸟石点破，不论何砂俱忌。

一玑统天秀入云，龙头独步黄金门。若见低圆正而丽，定主科甲在前列。乱峰低小富豪翁，世登要路夸玑峰。阳璇巽双峙美无价，玑入云霄生宰辅。龙真局备造化工，定登台省位三公。

凡砂体分三等，如此段评乾甲砂，秀入云，上也；圆正丽，中也；乱峰低小，下也。而评亦有辨，以之拨贵，则龙头独步，科第前列，世登要路，生宰辅，登台省，位三公，盖乾为天，统八卦，甲亦统十天干，乾甲不作第二人想也。然亦能富能贫能贱。富则郡乡之冠，贫则穷寒之极，贱则盗贼之魁。此秀入云、圆正丽之砂也。若乱峰低小，又均从减等矣。故挨星者，喜砂体高明、砂容精丽。

独有璇峰巽辛夔然起，经略之士端可拟。参军司务小峰峦，低员方平富而已。一峰秀出一登科，双峰兄弟同科举。远峰列笋天涯外，文与韩柳争齐名。外朝砂水外孙贵，半子廊庙为官清。更主如花女人貌，夫勋子孙承恩荣。阳璇巽低伏阴璇辛耸，亦主亚榜称明经。

以上评巽辛砂。

谓龙真局备，得巽辛砂，夔然特起，出经略之士。小者应司务参军，若再低而圆方平，仅堪发富，不足催官。然果合圆平方三字，主美妻贞女。总之巽辛主文，秀起一峰中一人。双峰并峙弟兄同，天涯叠嶂排如笋，韩柳才高博大名。又为长女，往往发女，辜托曰：巽水无砂，财聚女家，砂朝在外，女贵无差。此外有泄先生后法，亦主女贵。详拾铅砂篇。

元戈坤卓拔旗旌样，定出将军女为将。一峰端拱正如圭，三甲之中应及第。如旗斜欹不端严，巡警小官亦英锐。乱山低小都衔职，山名地母无亏失。如或缺陷水来去，定以龙穴为去取。龙神带得四金行，必主寡妇并僧尼。

以上评坤砂。

凡旗砂卓拔，俱出将军、老母当权，应及妇女，而要有辨，如乙龙并巽离兑三女龙遇之，主女为将军；如乾龙并震坎艮三男龙遇之，主男为将军。端拱者，不应武而应文，故及第。及第何以居三甲？《玉尺》云：坤母峰高，幸题名于榜尾。然易曰至哉坤元，则坤亦称元。张氏又谓发元年命，在丑未，但要正丽高明近穴耳。若斜欹，或乱小，又止应巡警都衔。再坤为地母，其德厚而资生。凡地于此方，不宜缺陷，有则先辨于龙，再辨于穴。穴以向为去取，明乎坤之去取，二十四砂之去取，均无不明已。龙带四金，谓坤带未也。

阳枢艮如笔列三台，三台齐秀催官巍。与国为姻食天禄，一峰独秀黄甲魁。若然小峰积金帛，被石点破催官颓。阳枢低伏阴枢丙耸，亦主食禄无疑猜。四神八将应位起，龙真穴的齐卢崔。

以上评艮丙砂。

艮为天市、为少男，砂如笔列，三台齐秀，或一峰独秀，俱主黄甲魁首。与国为姻，小峰不贵，惟积金帛。凡砂容要润泽妍明，点破可憎，有凶无吉。龙真穴的，何以知之？则以气脉清砂水合耳。

太阳正火当星马，丁丙柳张更无价。

午为太阳，应星日马，又得柳土獐、张月鹿齐起，无价之地。

赤蛇巳绕印如圆平，腰印斗大才纵横。

《天玉外传》：巳为赤蛇，有印圆平，主贵。此云绕印，必水之缠绕也。然巳为地户，为长生，不宜闭塞。阴龙此方有砂，主女人不育；阳龙此方有圆墩，主瘭胎。或吉或凶，是在善用之者。

印笏居西最为贵，枢艮璇巽丙丁生公卿。

印笏居兑，名金印金笏，得艮丙丁方。砂朝水涌，定产公卿。

印居寅甲出师巫，里巷厌听樗蒲声。

印居寅甲，历观旧墓，有出师巫者，亦有腰悬金印者。《玉尺》云：少年蜚声科第，必是水来寅甲。可知寅甲亦美，但砂宜生旺耳。

阳光子癸丑主瘭胎，离印中子全家盲。

子癸丑有员堆，主瘰胎，又主随母改嫁。离有员墩，主目盲，以午为目也。

鱼袋居西官易期，坎癸四墓为横尸。

鱼袋砂似横尸，居西则为金鱼袋。在子癸四墓为横尸。

兜鍪剑声庚兑出，将军威武收边夷。

卯庚酉主武，兜鍪剑戟以类应。

东南更点齐云霄巽，阴阳合翕如友僚。更兼阳关酉山拱照，官职崇高近君帝。

巽居东南维上，高出云霄，而阴阳合翕，更得酉砂拱照，主为官近帝，以酉为太阳砂、太阴水也。

阳关酉山陷因阵亡，阳衡压冢初年滞。

卯庚亥未砂水全，出大将，但要酉方高起。倘不起而低陷，主阵亡。卯为日出之所，山高掩蔽阳光，功名蹭蹬，然止乾巽坤未地忌之。若辛丁山向，则主卯年登科，阳衡山高更吉。

火星宜起应天宿，仍观造化阴阳宜。离星高秀乾壬明，泄制火星英贤生。

凡龙有中星火星，其位宜起，所以上应天宿也，但仍观穴向阴阳宜忌而用之。如火星值午，当星日马宿，砂高水秀，一会寅戌，立致火灾。必乾壬方砂明水注，方美。昔吴景鸾至徽作郡城，凿丁字塘制巽。夫丁之制巽，因巽畏鸡，丁为鸡之党耳。此言乾壬制午，亦非乾壬能制也。以其夹一亥为午所畏也。然午虽畏亥，阴阳却杂，不宜逢。故从亥之两旁设想，或筑砂，或起楼，或凿池而引水。然后午纳壬为共体，乾会午入先天。不但制火星，且得火星之利，而产英贤已。

枢艮巩乾阳璇巽山若陷，官不食禄名虚称。

火局木局金局，忌四维砂低陷。若土局水局，又忌四维高起。幸勿拘。

禄神缺陷马空倚，荐元官贵山低倾。虽有文章不显达，二凶三吉仔细评。

禄砂、马砂、荐元砂、官鬼砂、贵人砂，高峙固美，但宜三吉，勿犯二凶，是为至诀。

龙局穴势无亏失，吉星到位官可必。吉星或见有高低，便以高下为消息。山形虽美位凶方，亦恐岁久非忠赤。

龙脉清，穴场的，局势精奇，俱合规模，毫无亏失，更得吉星列位，则官可必矣。然吉星有高低中三等，高砂福厚，低砂福薄，中砂易发，福亦中和。拨砂者，要即于此高下处寻消息耳。又有一种山头端正、山身润泽、山脚整齐，奈位入凶方，初年或因堂美而吉，久则砂来主事，灾祸立临。此六句统评二十四砂。

画笔尖欹列寅申，贼旗斜侧位魁戌罡辰。魁罡高耸压冢宅，出贼乞丐沿街坊。

凡砂苟居生旺，尖而正固吉，欹亦不即凶，高而侍固吉，压亦不即凶。寅申辰戌何患乎？但以压欹略减耳。若泄杀虽形美方美，亦凶。

四金砂陷风一入，翻棺覆椁人遭殃。

辰戌丑未有凹风入穴，主翻棺覆椁，然见丑未风入。立阴向，见辰戌风入；立阳向，则不忌，水路亦同。惟穴场左右切忌龙虎低陷空远，不论何位俱凶。

牙刀四金辰戌丑未**屠剑儿，判笔庚兑辛为奇。**

牙刀位在四金，善用之，发贵。如包文正之刚廉，而何有屠剑乎。判笔位居庚酉辛，主判断大案，然亦看用法何如耳。

天乙辛**太乙**巽**文笔起，曜气交腾状元位。**

巽应角木蛟，统领二十八宿，尖峰秀起，穴扦火局，主辰戌年命发元。辛属柔金多秀色，复为巽纳。有尖峰作金局，主少年科第，驰誉词垣。然遇巽辛文笔，收归泄杀，则又甚于画笔屠刀。曜气有明有暗，此指明者而言也。凡穴前后左右特起之砂，皆明曜也。

得位失位分去取，总把龙神变规矩。

砂之吉凶，全在穴内用之合不合耳。

火星不起日月明，亦主其家生贵子。日月不起太阳高，太阴得水富还豪。

离坎为先天日月，卯酉为后天日月。此言火星如不起，但得日月砂明亦美。日月不起，而本龙之太阳砂高亦美。若太阴水到，则富还豪矣。火星中星，并太阳太阴法，详《理气真诠》。

火星不起官不显，不握重权或闲散。

火星与日同舍，日君象，火星见，主为官近帝。其法与中星同例，而有顺逆之分。

详龙审局辨砂水，此是杨曾彻骨语。世降风移民不醋，大地相逢莫轻许。

《评龙》、《评穴》、《评砂》、《评水》四篇，皆杨曾彻骨之言，但世降风移，民不积德，相逢大地，莫轻许而干谴也。

今人之讲砂法也，以为砂形仅大小、高低、尖直、方圆、妍媸、联单之别，砂位仅坐朝、龙虎、旁中、内外、后先、远近之殊，砂情仅俯仰、幽明、向背、亲疏、笑怒、怠勤之辨，峦头诸事毕矣，谁知尚有理气乎。夫气，即天地交媾之气也，气无形而于有形者理之，方识阴阳之所以交媾，而交媾即在砂之动处，所谓金轮动处见天机也。挨以天星，则是天与地交，地与天媾，一上一下，一施一承，而所含之一点阳精，遂融化于穴中，而成生气。葬法云葬于天地交媾之中，便成生气，信欤。

评　水

催官之水惟三阳，水潮砂秀官爵强。

巽丙丁曰三阳，水潮砂又秀，砂水合局官爵强。

阳璇巽水潮文笔起，少年科甲夸文章。

璇水璇峰，主少年科甲，然凡言吉者，皆须合向。

若见双峰列云汉，兄弟联名亲御翰。

解见砂篇。

有砂无水亦尊荣，砂水并朝更为冠。

地法以砂为重，水次之，言有砂无水，亦可催官。若得砂水并朝，尤占其美，不拘璇水璇峰也。二十四位砂水皆然。

男为驸马女为妃，中男继子夸门楣。

凡女卦砂，生旺发男及女，泄则发女不发男，生兼泄亦仅发女。

三阳无砂旬水不贵，只主姻亲发财利。

凡地无砂，不能发贵。此言姻亲发财利，以巽为长女也。

穴乘兑亥阳璇朝，玉堂金马多名誉。

穴乘兑亥气，立卯向巳向，有玉堂金马之誉。但巳从酉，为巽所畏，不如卯向完美多已。

艮龙璇水为福轻，最喜庚辛丙丁注。

艮少男不宜见巽，山风所以为蛊也。虽有成就，为福亦轻。若艮龙得庚辛丙丁水注，则福大。

阴枢丙南极丁水洋洋，四神八将砂苍苍。射策金门期第一，定主薇垣作弼良。

丙丁朝堂，得四神八将砂拱照，美无以加已。然使立向有差，则一兴立败，杀身绝后，其祻又不胜言。

二宫有水名赦文丙丁，永无凶祸到家门。蚕姑缫丝白如雪，老莱戏彩娱晨昏。

赦文水朝，家无凶祸，然必阴向方验。

三阳水朝归鬼乡，义门寿考同休光。

《天玉外传》谓卯庚为鬼乡，评龙云三阳洋潮入庚震，盖言三阳水，喜东去出卯，西去出庚也。

右评巽丙丁三阳水。

阴璇辛水朝进金宝，亦有如花女人好。

辛纳于巽，亦主如花女人。

穴乘太乙巽东南龙，水朝砂秀登科早。

巽龙辛水潮，辛砂起，少年登科。

若还水自太微朝丙，亦主出人长寿考。

南极老人星，春分见丙，秋分见丁，丙纳于艮，丁纳于兑，故兑丁艮丙，皆主寿。

但嫌砂碎似鹅头，风流女人多颠倒。

凡砂忌似鹅头，主淫，在巽辛卯酉子午方，更验。

右评辛丙水。

兑水切忌阳璇巽龙，必主徒流殁荒草。

巽畏鸡，为正杀；鸡畏巽，为反杀。凡遇杀砂杀水，主徒流斩绞，然亦可化为权也。故古人喜官鬼交动。

右评酉水。

天汉庚天命卯水朝坟，敌国富豪真无伦。

无砂有水惟富旺。

震庚有峰入云表，英雄将相麾三军。

有砂无水，亦出英雄将相，砂胜于水矣。

天汉庚天关申水同入，难免刑戮遭纷纭。

庚申并流，难免刑戮。阴阳杂乱，又兼杀曜故也。

阳衡卯水朝主骤富，龙轻砂碎遭淫奔。

《玉尺经》：卯酉本犯邪淫，而悠扬清澈，女反贤贞。此处坏在轻碎二字。若遇卯酉水而立阳向，又主贫贱卖娼。

切忌剥龙入坤度，定遭刑戮罹灾迍。

度字是诀，卯向遇坤未水同流者，亦遭天祸。

右评卯庚水。

阳枢艮有水入明堂，粟陈贯朽珠夜光。

《天玉外传》：艮为银宝之地。

右评艮水。

天屏巳天皇亥水来去，财禄人丁家优裕。天屏水忌少微酉龙，离龙亥水刑相同。

兑畏蛇，午畏猪，与坤畏兔、巽畏鸡同，俱主刑戮。

右评巳亥水。

鬼牛未丑来去空为吉，念经寡夭常逢凶。

丑未属牛鬼气，为左道。

鬼流来去龙入震，霹雳白昼惊西东。来主家富去败绝，人家定少期颐翁。

卯龙未水，主雷惊，水来家兴，水去家败，又如未龙卯水来去，作乙向，雷伤人已。以震为雷，鬼宿在雷门也。

右评丑未水。

元戈坤洋洋入冢宅，高堂红粉悲无穷。掀裙抱花山拱位，妇女不洁招淫风。若有圆山盂钵样，或出尼姑并和尚。

坤水来去，当立阳向消之。阴向谓之孀寡杀，抱肩掀裙砂见，主风声，未水混坤，私僧道。山似盂钵，出僧尼。

右评坤水。

阳权阴权互相向午壬，有水特朝乃为上。

午纳壬互相立向，更得特朝水至，为上格。

阴阳午壬砂秀入青云，及第为官至乡相。

砂形高大入青云，故官亦高大。

有砂无水亦登科，有水无砂惟富旺。

砂能发贵，水止发富，水之力轻，不如砂之力重也。

阳权阴权互相向，砂水并朝总宜葬。

午向得壬砂水，壬向得午砂水，砂水并朝，极美。

右评午壬水。

离龙坎水近君门，阳局易发亦易倾。

午龙坎水，格合水火不相射。善为乘受，福亦绵远。

右评子水。

亢娄流注旬**非吉地**地当作位**，少亡悖逆无忠贞。**

辰戌水，流注非吉位，主少亡悖逆。若是吉位，断无凶理。张氏曰遇辰戌水，当作阳向消之，否为黄泉。

右评辰戌水。

阳闾懒缓亢水入，缺唇露齿含糊声。

酉龙辰水，主缺唇露齿。

坎龙亢水忌来去，全家诛戮无余丁。

子龙辰水，辰龙子水，阴向主全家诛戮，阳向化为吉矣。

四金辰戌丑未**龙朝并坐向，痼疾横逆家伶仃。四金对射风入局，翻棺覆椁灾非轻。**

辰戌丑未，龙穴凹风，最要消详，切无轻忽。

右评辰戌丑未水。

功曹寅**传送**申**水来去，阳局砂水吉无虑。**

寅申水系净阳，立阳向消之，故吉。

行龙转换到正东，切忌水流传送申**宫。**

卯龙忌申水，然遇申水，即立阳向，又化杀为权矣。

离壬来去离乡邑，阴玑甲天棓寅生盲风。

午壬寅戌水，主离乡别井，此语极然。至寅甲水必破局，方患盲疯。

右评寅申甲水。

天官乙来去招继赘，坎癸病肿忧冲冲。双生子女家渐退，缢亡落水灾危重。

乙水不合向，主螟蛉招赘。子癸水不合向，主病肿缢亡落水。若合向，则乙得妻财，子癸双生，或六指，而家渐兴。

右评乙水子癸水。

水流北极乾肃杀位，襟怀鄙琐无宽洪。

乾老阳，退处西北，故襟怀鄙琐。

坎龙离水入西兑，淫奔必主期桑中。

阴向子午水，阳向卯酉水，主淫奔，以子午卯酉为桃花杀也。

乾亥双朝因瘵夭，戌乾喑哑并盲聋。

乾亥忌双行，主咳嗽、吐红、痨瘵。戌乾合局吉，破局喑哑盲聋。

阳玑乾来去跛能履，鳏寡继赘人无踪。

乾水破局，来主跛不履，去主履而跛，且老亢无生意，故有鳏寡继赘之应。

右评乾水离水。

坎离阳朝破阴局，咸池水映桃花红。

遇子午水，立阴向为破局，主淫奔。

巽巳兼朝破阳局，那堪太乙起堆峰。香闺有女颜如玉，褭胎玷污春风容。

巽为长女，巳属长生，皆阴也，立阳向为破局，故主室女怀胎。张九仪曰：巽辛若破阳局，文风变作淫风。又曰：卯破甲，辛破乾，不免新台之丑。是桃花杀，不仅四败方也。

游魂阴枢午丙水并入，寅午戌岁烧天红。葬法若注兑亥气，回禄制伏应潜踪。

丙午水同流，主寅午戌年火灾。穴内注得兑亥气，火灾可免。

阴光牵牛癸丑入家宅，随母改嫁忘姻宗。

癸丑水混流，主随母改宗。

黄泉曜气最凶恶，阴阳混杂家零落。少亡毒药因女祸，兄弟屠戮多相攻。龙行关节带微淆，受穴朝流亦差错。

黄泉，辰戌丑未也。庚丁坤上是黄泉，谓未。乙丙须防巽水先，谓辰。甲癸向中忧见艮，谓丑。辛壬路上怕当乾，谓戌。然遇辰戌水，即立阳向；遇丑未水，即立阴向。冲开墓库，主发大财。若阴阳破局，则祸患生已。又一说未忌兼坤，辰忌兼巽，丑忌兼癸，戌忌兼亥。凡阴阳二宅，向水凹路逢之，皆不吉，八杀、八卦之官鬼爻也。张九仪曰：黄泉无此说，八杀的是真。盖意在净阴净阳，净则黄泉发福，故指为无，而八杀仍畏也。至蒋大鸿并八杀亦无之，专尚元运，然元运一退，衰败立临，曷若净阴净阳之可久乎？大抵阴阳净即气脉清，运来固发，运退亦安。廖金精曰：惟有辅星最元元，用此卦为先，是也。

龙真局备砂水环，攀龙附凤良非难。

凡地止求如此。

洋潮六秀砂水助，博龙合矩方为官。

凡砂水相助之地，亦要博龙合矩，矩理气之方也。

正向特朝固为美，旁朝合吉梯云端。

砂水从对面特来曰正朝，从左右来曰旁朝。不论正朝旁朝，总以能合吉星方发福。

抱城绕穴固为吉，值流合矩朝天关。

水中理气，以辅星为矩，专用向消。

反如翻弓直如箭，流非吉位家贫寒。

反如弓翻，直如箭射，加以流非吉位，不测灾来。

真龙迢迢穴奇巧，到头伪气非纯完。

龙之净者曰真龙，气之璃者曰伪气，穴虽奇巧，无非趋吉而避凶。局不纯完，且看收山并纳水。

穴高朝流要长远，富贵易至人安康。

穴高要水来长远，若低暗则难用。

朝流高低穴为等，富贵骤至量非难。

穴与水等发福速。

催官秘诀止于此，慎勿浪与世人传。

终篇戒浪传，此注不免泄天机矣。然挨星必用西洋新法，方得真正方位，否则指巽为辰，指坤为未，如赵高之指鹿为马，可乎？故仍宜口授心传。

陈耕山云：今时冬至日躔箕。则天皇应在酉末辛初，太微恰值正东，南极来临巳丙，天辅当戌辛之界，天市居子癸之间，而紫微垣乃照丑艮地矣。今人不知天有差移，尚欲执虚危之针路，何怪穴之无应耶？盖星宿所躔之宫位，今与古不同也。吾愿挨星者，将宫位正更而后可。

催官篇注之二

催官篇注之二

秀水 张九锡 汇辑
弟 王典 参订
吴燮臣 重订
吕公爵 唐文焕 同校

评龙篇

催官第一天皇龙，博龙换入天市东。阳璇少微左关局，廉贞起祖峰重重。右关廉贞降枢兑，变换太乙东南雄。穴乘阳枢秉生气，或更受穴天皇宫。

亥秉紫微垣，为天帝之最尊，故为催官诸吉之首。取廉贞作祖者，喜旺处出身也。左关顺行，阳龙也；右关逆行，阴龙也。生气，《葬经》所谓生气也。开卷言左关、右关而归重于生气，可知催官以四十八局真脉为据，非仅以天星为亟也。

少微起祖降艮巽，亦主富贵永兴隆。

左关局自兑起祖，降艮而出巽入首为阳巽。巽当太乙垣，故主富贵。

阳枢起祖降兑巽，变艮作穴官应同。

右关局自艮起祖，降兑而巽复自艮入首为阴艮。艮当天市垣，故云官与上同。

六秀变出紫微局，砂水应位官无穷。

龙繇六秀入亥，而砂水各应生旺之位，自主富贵。

六秀行度间庚震，三吉受穴文武崇。

龙繇六秀入三吉，应文武发福。

阳衡起祖降三吉，震庚受穴应武职。

廉贞起祖三吉行度，再得震庚受穴，主武贵。

震庚砂水秀朝位，持节边疆统军卒。

上文言震庚龙受穴，此言震庚砂水当本龙生旺之位，亦主持节边疆之应。

亥山一丈可致富，巽水一勺可救贫。辛山十丈富相亲，难养过房异姓人。

凡龙脉，砂水不可少有溷杂，故曰一丈、一勺、十丈，皆言不嫌于短少，而特贵乎清真也。辛为天乙，其气清，其质弱，多主好道神仙非。金火资其气，往往有败绝者，故曰难养异姓人。

少微转巽还少微，人才昌炽官职卑。太乙少微复太乙，亦主文官持彩笔。

兑巽虽皆贵垣，兑所值之度在胃昴间，有仓库，有白衣，未若太乙五尚书之有专秀，故少微与太乙行龙作穴，其富贵迥别。然得生得旺，四十八局皆可富贵，未可以此限其力量也。

迢迢西兑入天皇，清贵翰苑夸文章。

左关由兑入亥，纯一之气，无乾壬间杂，宜乎翰苑之应。

天皇行龙入天市，富贵兼美芝兰芳。

艮为天府、财库之司，左关繇亥入艮，有富贵芝兰之应。

阴枢南极及天潢，行龙受穴俱荣吉。

有博换而无驳杂，故云俱吉。

天屏巽丙同透迤，只主优优发财食。

巳巽丙皆性净阴，止于财食者，巳当四之偏位，巽丙虽秀，杂巳透迤，则为不纯也。若庚酉辛一气流行，则无嫌于透迤。然亦未可尽拘，当合落势砂水斟酌之。

鬼牛二气灾害萌，拜礼神佛崇香灯。

丑未为暗金杀，故主僧尼道士。

二杀独行岂为吉，宜与丁艮相兼行。相兼行度龙局吉，男女多痣家丰盈。

承上文言二杀单行者凶，必兼丁艮行度者，可期获福。然相兼丑未，终杂金杀，故主男女多痣。

阳权顿伏蜂腰起，阴权砂少来相迎。切忌天皇高照穴，鼓盆涕泣灾相仍。

午脉用壬方，砂水以离壬为纳卦也。但壬水克离火，明暗共伤，切忌亥峰高大，离见亥为曜杀也。戌为鼓盆，午脉见戌亥峰高，则火墓助其党，火杀激其焰，故灾祸相仍。

阴权降坎贵精俊，冈势磊落如流星。阳权砂水秀朝穴，龙虎抱卫公疾生。阳元阴光砂水秀，阴阳受穴官班荣。

壬坎左关喜南方砂水者，先天乾坤交，后天坎离交，先后天相见也。离为君位，为出杀，为暗生，又为纳卦，故主公疾之应。若得坤癸方砂水生旺，又为纳卦，亦主官班。阴阳，落脉之雌雄也。

阳光瑶光阴权位，行龙懒缓生泉泓。

壬子癸阳龙，落势懒缓，则气易衰。

阳光单行更高耸，孕生六指母猜惊。

单行高耸，坎气清而旺也。坎水生于一而成于六，在人为肾，主骨指，又骨之显于用者。孕生六指，成数之应。

阳元行龙兼鬼气，少亾孤寡并尼僧。

坤为老阴，又与鬼杀兼行，主少亾、孤寡、尼僧之应。

阳玑来龙最凶恶，绝嗣无主坟荆榛。

乾为亢阳，居肃杀之位，应主绝嗣。

魁罡行龙不堪穴，少亾恶逆尝争衡。山奇水秀穴周密，暂可致富随伶仃。

辰戌为金杀，为魁罡贵人，禄马不临。若山奇水秀，穴情周密，得生旺聚会，暂可致富。

阴玑天倍若受穴，疯跛痼疾人聋盲。寅甲行龙穴奇巧，仅可一发人温饱。

寅甲属木，木盛则生风。上应箕尾，此疯跛痼疾之必有也。寅合于先天之乾，甲纳于后天之乾。乾为首，而耳目寓焉，故主盲聋。若龙穴奇巧，生旺聚会，亦可温饱。

世人尽爱龙逶迤，不明曲折兼醇醨。

逶迤，即曲折也。凡曲折入首、阴阳不杂，与水神合经者为上，否则未免醇醨也。此节起下文。

天皇行龙莫曲折，巩权气杂非瑰琦。

亥龙曲折，非乾则壬。离乾犯老亢，杂壬犯文曲，故非瑰琦。

天市逶迤失正气，天厨天棓为深疵。

艮龙曲折，非丑则寅。间丑犯金杀，间寅犯杀曜，故为深疵。

阴璇切忌间娄气，庚兑委曲咸相宜。

间戌犯金杀，故切忌。间庚酉则纯一，故相宜。

阳璇亦忌间亢气，乘气慎勿差豪厘。

巽气入首，咫尺有讹，即杂亢金所，当慎之于豪末也。

龙辨中抽左右落，吉凶官爵定荣削。

此言到头有中落、左落、右落之分，解见下文。落势有纯杂，故吉凶亦异。

左落乾亥如双行，乾多亥少那堪作。

左关乾气多，而亥居虚薄之处，主凶恶绝嗣。

右落乾亥亦双地，亥多乾少堪裁度。

右关亥气多，而乾居虚薄之处，堪裁度移步换脉也。

中抽乾亥平分来，可作行龙穴休凿。

乾亥平分如五乾、五亥，但可行龙，不可作穴。

壬亥双行从左落，亥多壬少荣官爵。双行右落龙不纯，壬多亥少家萧索。

左关亥多壬少，得亥之生旺，则官爵可荣。右关壬多亥少，不得壬之生旺，则家资萧索。

中抽壬亥平分来，转换精奇莫差错。

壬亥平分，到头之处，非转壬则换亥，皆可立。穴务要合局，不可差错。

单亥中抽爵禄縻，左落乾顶真龙亏。右抽壬顶为四辅，龙逢官旺不须疑。

亥脉清真，中抽入穴，爵禄可期。左关带乾，属甲木，气虽一家，金杀不纯。右关带壬，属癸水，旺于亥壬，故曰龙逢官旺。阳木阴水元窍相通，故曰不须疑。

艮顶中抽为第一，最喜龙直嫌逶迤。

直入则纯，故可喜。嫌逶迤者，兼丑寅也。

左落丑顶为半吉，右落寅顶生疯痍。

此申言艮脉嫌逶迤也。

丑艮对顶平分出，颖异亦主生光晖。

丑艮平分，得龙体颖异，亦主光晖。

丑艮双行从左落，丑多艮少生灾危。丑艮双行从右落，艮多丑少荣孙枝。

此申言丑艮左右落脉，丑入首者凶，艮入首者吉。

寅艮中抽不宜穴，左抽艮顶堪扶持。

寅艮兼行，寅即为艮之曜，故不宜穴。若从左落，则艮为主，放倒寅气，扶起艮气，气清则福自至。

艮寅右落岂为吉，棓星作主生灾非。

艮寅兼行，右落则天棓为主，故生灾非。

震山正落龙最贵，若见甲乙宜深推。震甲双行患疯跛，震乙继赘螟蛉儿。

震脉正贯，为三吉。左关兼甲，则甲为主，故有疯跛之应。右关兼乙，则乙为主，故有继赘之应。

离丙双行切须忌，天降回禄焚翚飞。

离丙双落遇雌雄不顾墓杀倒流者，火灾不免。

辰巽并落非粹美，左落辰顶堪嗟悲。

辰为天罡，左落则辰为主，凶祸尤甚。

辛戌双行本非吉，左落辛顶多镃基。

戌为金杀，左落则辛为主，可期富厚。

丁山正落亦为贵，午未杂气家陵夷。

丁山正受，福寿无疑。兼未则带金杀，兼午恐元窍不通，主家业陵夷。

起顶降脉定偏正，他宫仿此须无违。

正落为正，左右落为偏。

衰病绝乡未为福，死兼墓沐家流离。临官生旺胎养位，不须更论阴阳疵。

上文言龙逢官旺不须疑，此条又云不须更论阴阳疵，是可知重在入首一节，辨别左关右关、雌雄交媾、生旺互用为亟，初不论净阴净阳为去取也。

四龙博换为第一，卦变三两皆为稀。

四龙，金木水火也。各从一气，博换不杂，此为第一。三，三合也；两，双山也。博换虽多，不出双山三合，乃为可贵。

一卦独行为专一，正龙来远毋栖迟。栖迟侧闪为傍落，亦须造化无参差。

真龙行度，专一不杂，为一卦独行。若栖迟闪侧，多为傍落。然行度纯粹，一气博换，是傍落而与专一者等，但求雌雄交度，造化无少参差，亦为真结。

真行伪落为变局，龙真穴的无推移。砂秀水朝为吉助，博龙合矩登天衢。

如天市起祖，魁娄入首，为真行伪落，为变局。局虽变，而龙真穴的，无可移易，得南方砂秀水朝，亦为吉助。迨年久博换，得天市贯穴，又得南方砂水合矩，则子孙世福。

伪行真落为吉福，但恐换骨有兴衰。

如亢龙起祖，阳璇入首，砂水又与入首合矩，为伪行真落，自然吉福。但恐年久博换，亢脉与砂水不合，主兴废不常。此二节言双龙行度，双穿入首，后龙博换不同，乃祸福亦不同耳。

详观砂水定品秩，

龙真穴的，砂水合经，贵人、禄马与三合联珠，此上地也。然亦有得生而失旺，或旺起而生伏，或高大而非其位，或元关颠倒，龙虽纯一，亦当乘除论吉凶矣。

收放乘气为真机。

如亥龙中抽，木自纯一，乘气少差，即为乾壬杂气。然乾壬杂气，能知移步换形，则收放得法，气自纯一。学者会得前后、左右收放之妙，而乘气之真机在是矣。

土圭测位勿草草，心意消息毋昏欺。

土圭，罗经之通称。测定方位，落脉阴阳，全在人心意消息。其间毋昏欺，戒之也。

龙穴砂水为至要，为君备赋催官诗。

此结上起下之词。赖公评龙，至要在乘生气，左关右关，论生论旺，则四十八局为体，形峦为用也。乃今人读是经者，但知天星名字，而茫然不知收放乘气。与杨曾龙分两片、水对三丫，有先后而无异同，何也？

评穴篇

催官第一天辅穴，天皇气从右耳接。穴宜挨左微加乾，天皇贯穴气无泄。

亥龙丙向，右耳受气也。微加乾，求正亥入穴也。挨加者，移步换脉、移步换局之法也。

天皇气射天厩星，微挨西兽加壬行。天厩穴空始为吉，耳受左气官资荣。

亥壬双行，挨右加壬入穴，右关壬脉属阴水，与左关亥脉双龙合气，元关同窍也。天厩穴空者，巽向左耳受气也。

天皇气钟穴北道，挨左立穴为枢要。稍加乾位细推详，右耳乘气无冲脑。

亥龙丁向，癸为北。道细推详，恐乾气多也。耳受，自无冲脑之病。

催官第二穴宜癸，天市正气左冲耳。穴挨西兽微加寅，昼锦荣萃耀闾里。壬癸背一面九离，河洛理数无相违。四垣四兽各正位，五气顺逆相凭依。

艮龙左关戊寅，正艮入首，左耳受气。微加寅者，虑杂丑也。坐壬癸，向丙丁，合洛书一九之数。天市、紫微、少微、太微，为四垣；朱雀、元武、青龙、白虎，为四兽。五气顺逆，辨别左关右关，使生旺互用、元窍相通也。

天市迢迢穴阴玑，气从右耳无逶迤。天厨微加穴粘左，富贵文武官班縻。

右关艮龙庚向。逶迤，则兼杂气。微加，丑避寅脉也。富贵，龙之应；文武，向之应。

天市行龙太微向，气钟左腧官资旺。阴阳相见福永祯，二枢配合相随唱

左关艮龙丙向。艮为阳枢，丙为阴枢，故曰阴阳相见。二枢合生旺，故虽腧受而力重。

阳枢穴坐天官星，右腧乘气多荣名。若得阴璇山秀起，含书饫史称名经。

艮龙辛向，右关局得辛山秀起。辛为阴火之生，文星显著，主名经之应。

阳枢行龙向西兑，右耳乘气最为贵。穴宜挨左加厨星，阀阅荣华应无艾。

右关艮龙兑向。山泽通气，所以为最。

天市行龙向阳璇，气冲左腧通微元。屋润肥家积金玉，但恐夭折亏天年。

艮龙巽向，合先天山泽通气，能得生得旺，主肥家。但巽木克艮土，主夭折。

第三催官穴天廐，天乙行龙右耳受。挨左立穴加少

微，中男及第纡紫绶。

辛龙巽向，右关入首。加少微者，乘酉辛双行也。巽辛为巨门，酉为四旺，俱属仲子，故应中男。

阴璇穴酉向东震，天乙左气从耳进。微挨娄位勿加多，巡警小官亦聪俊。

辛龙卯向。勿加多，恐戌气入也。

阴璇龙向天市垣，气从左腧推其原。金马玉堂无分到，儒官雅后多田园。

辛龙艮向。气从腧入，故不大显。水朝局备者，主富贵寿考。

第四催官穴宜乙，阳璇气冲左耳入。天官借坐加青蛇，禁闼宸宫班夜值。

巽龙辛向。五尚书临巽，上应璇星，主禁闼之贵。加青蛇者，避辰脉也。

太乙行龙天屏穴，右耳乘气真奇绝。亢金杀位勿加多，巨富小贵人英杰。

巽龙亥向。勿加多，避辰脉也。催官高起，亦主贵显。

太乙行龙向阳枢，右腰乘气无差殊。砂奇水秀龙精异，诗书富贵多金珠。

巽龙艮向。腰受穴，砂奇水秀，龙脉精异，便应诗书富贵。初不拘于耳受、腰受也。

第五催官穴宜甲，阳衡气从左耳发。穴挨西兽加天官，持节边疆掌生杀。

震龙庚向。震应骑官将军，庚应天关参旗，主边疆掌生杀之职。加天官者，恐兼甲气也。

阿香东来穴天官，气从右耳尸灵安。峰高甲位穴粘左，先文后武荣官班。

震龙辛向。甲位旺方，耸拔而穴。更粘左者，使甲不杂卯，出杀之法也。先文向之应，后武龙之应。

第六催官向东震，天潢气从右耳进。水朝申位多荣华，富压乡邦众钦信。

庚龙卯向。申位官旺水朝，主富贵。

天潢正向天市星，气从左耳真奇清。微加西兑穴粘右，水朝局备家资盛。

庚龙艮向。挨加西兑者，乘庚酉双行也。水朝局备，主富贵。

第七催官穴宜坤，南极气从右耳奔。要使亢阴勿贯穴，微加天庙荣家门。

丁龙艮向，要使未气勿杂。微加午者，避未脉也。

南极行龙天皇向，气冲左耳乃为上。穴挨西兽微加羊，阳权慎勿豪厘间。

丁龙亥向，墓龙生向。微加羊，言不可多也。加午脉，则亥向为曜杀，故慎之豪厘。

催官第八丙龙乙，气冲左腧英才出。太微之龙穴粘巳，真气贯耳富而已。

丙龙辛向。丙与辛合，得生得旺，则英才辈出。亥向得真气合局，亦主富贵。

太微行龙向阳枢，右腰乘气无差殊。水朝本位加青蛇，亦主人旺家资富。

丙龙艮向，丙水朝注，主富。

催官第九兑山艮，左气冲耳无差紊。略加天乙贵龙来，亦主文章典州郡。

兑龙艮向，亦为山泽通气。加天乙者，乘酉辛双行也。巽辛为文章之府，故主文章典州郡。

金鸡来泊天门啼，气冲右耳天廐虚。微加天潢砂水朝，少年一举登科第。

兑龙巽向，实向先天之兑。微加天潢，作合气金局，砂水旺朝，主少年科第。

金鸡啼向扶桑东，气冲脑散亏神功。庚辛坐穴乃为贵，官职宏霸资财丰。

兑龙卯向，直龙直向，故有气冲脑散之患。庚辛坐穴，则耳受气顺，富贵两得。

阳阖西来穴宜癸，兑丁相见本为美。右腰乘气气力轻，转亥坐穴气从耳。

兑龙丁向，兑丁为纳卦，嫌于腰受气轻。穴亥向巳，耳受力重。

催官第十穴天贵，离宫左气从耳注。微加南极穴周回，砂水合矩封侯至。

离龙壬向，离壬为纳卦，午脉单行，得本水旺朝，极能救贫。加丁脉双行，作合气火局也。穴体周回，砂水合矩，则午为先天乾阳之体，其性勇猛，可以威蓋天下，故主封侯之贵。

离山岧峣应星日，丁穴右耳乘炎精。微加天贵豪厘位，立见骤富官职荣。

岧峣，言其高也。星日，正午当星日马之位也。癸向亦为既济，加丙脉双行，作合气火局，则既旺且秀，立见富贵。

背一面九乘天辅，气冲右耳为合矩。穴宜挨左加天皇，富贵荣华振乡土。

壬龙午向。一九，洛书之数。离壬为纳卦，故云合矩。加天皇双落，作木局，移步换脉、移步换局之法也。

壬山迢迢穴天市，天辅气奔冲右腧。穴左微侵半分亥，富贵声名响闾里。

壬龙坤向，三合立向也。侵亥义见上文。

天辅龙向天官星，气从左腧通元灵。穴宜挨右加阳光，亦主财旺人英俊。

壬龙乙向，三合立向也。加坎双行，作合气水局，主速发财丁。

穴坎阳光右耳通，龙脉精俊看雌雄。切忌阳光气冲脑，家资退落应如扫。

坎龙午向，为既济。气冲脑散，主退败。

阳光穴坐天市垣，气冲右耳乃为元。穴宜挨左加天辅，孕生六指多田园。

坎龙坤向，为先后天相见。加壬，一气也。六指，解见前篇。

催官十三面元戈，阴光俊美右耳过。挨左宜加半分月，富贵更见风流多。

癸龙坤向。加坎双行，作合气水局。坎为四旺，故主风流富贵。

阴光穴坎向炎精，左耳受气不为轻，穴宜挨右微加牛，出人英俊资财盛。

癸龙午向。加丑，一气也。有生旺朝应，亦主富贵。

丁穴回环局关锁，元戈耳入气冲左。穴粘西兽微加申，龙局精奇发如火。

坤龙癸向。加申，一气也。坤申虽贱，龙落脉精奇，砂水朝迎，亦主速发。

坎离交极少生气，老阴不交龙不备。水朝砂秀亦堪夸，坎癸离壬纳于是。

离中之阴，交于坎而为坤，交极而衰，故为老阴。后天退处西南，为卑顺，故云少生气。气血不交，故云不备。得旺方砂水朝应，亦能旺财。立穴之法，不过坎癸离壬纳干而已。

亢阳无生甲从乾，气从腧入非天然。龙局不奇总凶恶，鳏寡绝嗣灾绵绵。

坎中之阳，交于离而为乾，交极而衰，故曰亢阳。后天退处西北，为肃杀，故曰无生。强从纳卦立向，气从腧入，自非天然。若龙局不奇，总之鳏寡绝嗣。

阳玑来龙宜向乙，迢迢气从左耳入。穴宜挨左微加娄，水朝局备家资实。

乾龙乙向。加娄，收戌气入穴也。水朝局备，即就戌脉言。戌脉得旺水朝迎、局势完备者，亦主富。

戌山迢迢宜向乙，鼓盆气奔左耳入。龙行起伏三阳朝，巨富但恐人残疾。

戌龙乙向。龙势起伏，得三阳旺位朝应，亦主巨富。戌为金杀所伏，故主残疾。

鼓盆龙向天苑星，行龙懒缓灾非轻。穴挨西兽细消详，水朝局备家资盛。

戌龙甲向。消详，移步换脉也。水朝局备，亦主发财。

功曹坐艮而元戈，左耳乘气无偏颇。挨加艮位局周完，龙脉精异发如火。

寅龙坤向。挨艮脉入穴，则艮为主，而且垣局周完，龙脉颖异，自然骤发。

功曹正向天关星，龙脉颖异穴堪亲。砂水不备总凶恶，寡母怪疾多生嗔。

寅龙申向。直龙，直向生旺。砂水不备，主寡母怪疾。

阴玑穴巽向玑峰，气从右腧家兴隆。左右不交龙失度，鳏寡疯跛动瘟风。

甲龙乾向。左关为阳，右关为阴，阴阳不交，则龙脉失度，鳏寡疯跛有必然者。

阴玑起伏龙向坤，左耳受气福无穷。穴宜粘右多加卯，龙奇局锁方堪用。

甲龙坤向。多加卯，收卯脉入穴也。龙奇局锁，方堪作用。

天官坤向穴天市，气从左腧乃为利。亢金微加穴粘左，亦主富贵人招赘。

乙龙坤向。若亢金微加，则移穴粘左以避之。乙为栽接之木，故主继赘。

亢金穴巽向阳玑，气从右耳为合矩。天官微加穴粘左，巨富但恐无期颐。

辰龙乾向。若天官微加，则移穴粘左以就之。官旺砂水朝应，亦主财旺，但恐夭亾横死。

亢金行龙向元戈，左腧乘气穴比和。太乙微加穴粘左，龙要精异穴关锁。

阳龙阳向，故曰比和。加巽脉作穴，出身精异，有关锁者，发福。

天关龙坐天汉星，气从右耳须寻正。微加天钺辅龙行，水朝局锁人财盛。

申龙甲向。水朝局锁者，亦主财丁。加坤，属一气，故曰辅。

申山局向瑶光宫，左耳乘气力为重。天潢微加穴粘右，龙蹲虎踞家资盛。

申龙癸向。加天潢入首，得形局端丽者，主发财。

赤蛇头向天门北，直来直受神功烈。巽丙受穴最为良，富贵荣华人英杰。

巳龙亥向。直来直受，移步换脉。挨巽丙入穴，主富贵英杰。

未山起伏龙向艮，天常气从右耳进。穴挨左位带丁来，左道荣华富贵顺。

未龙艮向。未为金杀，挨丁脉双行，为一气，又为六秀。左道，未之应；富贵，丁之应。

金牛走向太微垣，气奔左耳龙脉旋。阳枢微挨穴粘右，水朝局锁多田园。

丑龙丙向。挨艮脉贯棺，得丙丁水朝局锁，主富盛。

天厨龙向南极星，左气冲耳资财兴。阴光微加穴粘左，富贵人钦左道灵。

丑龙向丁。加癸脉双行，一气也。丑为金杀，故主崇奉左道。

气从耳入官易期，气从腰腧官应迟。耳腰乘气有多寡，正脉慎勿差豪厘。

此结通篇言：耳入者，气直受而多，腰腧受者，气横入而少，故迟速不同。雌雄落势，有纯有杂，挨加乘气，相去豪厘，则祸福天渊，不可不慎。　篇名“评穴”，娓娓阳龙阳向、阴龙阴向，间亦有阳龙阴向者，其立意重在乘气，故曰耳、曰腰、曰腧、曰挨、曰加、曰水朝局备、曰龙脉精异、曰五气顺逆、曰左右不交，谆谆告诫，可知其立向不第区区于净阴净阳也。今人不深体乘气之妙，不论水神来去合局与否，而漫云某龙某向，是何异盲儿摸象。

评砂篇

催官之砂四维方，云霄屹立官爵强。

催官砂首重四维者，盖乾坤艮巽，四十八龙生旺之位，为天地之四柱，《玉尺经》曰天柱发四维之秀，此之谓也。

四维低峰迭迭起，千仓万箱曜州里。四神乌石生点驳，家道终须见萧索。

四维低小，迭迭见于旺方者，主富。四神，即四维也。乌石点驳，吉神受玷且不当旺位，主家道萧索。

奇峰列秀有三角，黄金白玉尚奢靡。若还有路破峰峦，官事相连败田地。

三角，三丫也。三合生旺方有奇峰列秀，主富贵。若缺陷破局者，凶。此以切近者言之。

一玑统天秀入云，龙头独步黄金门。若见低圆正而丽，定主科甲争魁名。

乾为天柱，而冠四神，故称统天。阳水局得乾位耸秀者，龙头独步，低圆正丽，亦主科甲。乾位上应奎壁文章之府，故有此应。

阳璇双峙美无度，同玑入云生宰辅。龙真局备造化工，定登台省位三公。

巽为文章之府，高峰双峙入云，与天玑同论，非巽与乾相对，高耸照穴也。阳金阴火、龙真局备者，遇此主三公之贵。

独有璇峰夔然起，经略之士断可拟。参军司户小峰峦，低圆方正富而已。

巽峰独起，阳金阴火，得之主出才识经略之士。峰峦小者，其力小，才识亦小，参军司户而已。低圆方正，仓库之象，故主富。

一峰秀出一登科，双峰兄弟应双举。远峰列笋天涯青，文与韩柳争齐名。

承上文言一峰独秀，一子登科；双峰并起，兄弟同科。巽峰自属六秀，曰列笋，曰天涯青，是文笔而愈秀，故有韩柳之应。

外水朝揖外孙贵，半子廊庙为官清。更有如花美人好，夫勋子禄承恩荣。阳璇低伏阴璇耸，亦主亚榜称明经。

承上文言巽为长女，外有砂水合官旺朝揖者，荫及于女半子外孙可贵。如花美人者，即《玉尺经》“娥眉见于巽宫，女色倾城”也。辛纳于巽，巽伏而辛起，亦主亚榜明经之应。

元峰卓拔旌旗样，定出将军女为将。

坤峰形似旌旗，金水局遇之，主出武贵。女为将者，坤为母也。

若还端拱正如圭，三甲之中应及第。

坤峰拱如圭，金局得之，主题名榜尾。

如旗斜侧不端严，巡警小官亦英锐。乱峰低小都衔职，山名地母无亏失。

斜仄之旗，巡警所用位乎？坤虽英锐，亦小官而已。乱峰低小者，亦然。坤为地母，在龙家生旺之位，则不可亏失，故下文复申言之。

如或缺陷水来去，定以龙神明去取。龙神带得四金行，必主寡夭并尼僧。

坤峰缺陷亏失，或水神来去，其间去取，定以龙穴为主，如水龙喜其来，木龙喜其去也。若入首龙神内藏金杀，主寡夭僧尼之应。

阳枢如笔列三台，三台齐秀官崔嵬。与国为姻食天禄。一峰独秀黄甲魁。

艮位双峰卓笔并列，如三台整齐耸秀，且为天禄帝星所临。帝座之左为箕尾，乃后妃之位。阳火阴水，二龙遇之，主与国为姻。若一峰独秀，主黄甲魁元。

若然小峰积金帛，被石玷破催官颓。

艮为财库之司，低小者亦可致富。若玷破，则催官星颓，主凶。

阳枢低伏阴枢耸，亦主食禄休疑猜。

丙为阴枢，有峰高耸。阳火阴水遇之，食禄无疑。

四神八将应位起，龙真穴的齐卢崔。

四神八将，应当起之位而起，必先龙真穴的、生旺互用，元窍相通，而后媲美卢崔。甚言龙为重，砂水为轻也。

太阳正火当星马，丁柳丙张更无价。

罗经缝针，午中当星日马，丁中当柳土獐，丙中当张月鹿，此言三火合本龙生旺，即《玉尺经》“丙午丁秀拔，独占魁元”也。

火星宜起应天宿，仍观造化阴阳配。离星高起乾壬明，泄制火气英贤生。

火星高起，上应天宿，然又观龙脉阴阳配合何如。离星高起，又得乾壬同峙，金水泄制，主英贤辈出。

火星不起官不显，不握重权或闲散。

形之焕发者，莫如火。肖为天马位，为帝君。凡火龙入首者，火星不起，则官爵不显，居闲散之地，不得君之象也。

火星小起日月明，亦主其家生子贵。日月不峙太阳

高，太阴得水贵还豪。

日月砂圆净为明。有日月，即火星低小，亦生贵子。无日月，则太阳高耸，太阴得朝水，是水火各得其位。水局得之，为即济，应主豪贵。

赤蛇绕印如圆平，腰悬斗印才纵横。印笏居西最为贵，枢璇丙丁生公卿。

人见砂如印笏者，即视为贵证，不知龙脉不同，衰旺亦异。如赤蛇绕印，金局得之，主腰悬斗印。印笏居西方及艮巽丙丁六秀之位，金火局得之，亦生公卿。

印居寅甲出师巫，里巷厌听樗蒲声。

寅甲非六秀之位，故方者为木印师巫之所需，圆者为樗蒲博者之所好。木局得之，主发财。

阳光癸丑主堕胎，离印中子全家盲。

坎癸在人为肾，女子之经为天癸，遇墩阜，形象似胎，主堕胎。且坎癸上应女宿，主产厄，故有此应。离为目，宜洁净。有星印掩目无光，主目疾。离为中女，故应中子。若水火局，主富。

鱼袋居西官易期，坎癸四墓为横尸。

砂如鱼形者，为金鱼袋金局。见于西方者，金位旺地为真。若东方，为木鱼；南方，为火鱼。坎癸为漂荡之尸，四金为入墓之尸，盖尸与鱼相似，吉凶随本龙而异应也。

兜矛剑戟庚兑出，将军威武镇边陲。

兜矛剑戟为兵器，庚兑为金旺之方，上应毕宿，主边陲事。金局得之。主出将军，威镇边陲。

牙刀四金屠刽儿，判笔庚兑辛为奇。

凡尖砂位在本龙生旺，为牙刀位；在本龙四金，为杀刀。屠刽以杀为业者，金杀之应也。庚酉辛金旺之地，于时为秋，于官为西曹，掌肃杀之位。金局得尖砂，于其地是为判笔。

东南更点齐云霄，阴阳合翕如友僚。更兼阳阊山拱卫，应主启沃官班高。

巽为鸡，故名更点。秀出云表，得阴阳合翕、元窍相通，更兼兑龙结穴局势拱卫，上应少微，应主启沃之任。

阳衡压冢初年滞，阳关山陷不封侯。

震为阳衡，当本龙休衰地，高压冢墓，出人偃蹇。兑为金，为兵器金局，此山阙陷，李广难封。

画笔尖敧列寅甲，贼旗斜仄位魁罡。

寅甲尖敧，位非六秀，主生画工。木局得之，乃应魁罡之位。贼旗斜仄，龙非六秀，形象粗恶带杀，则盗贼应之。

魁罡高耸压冢宅，出贼乞丐沿街坊。

高而且逼，为压魁罡，贵人不临，故主出贼乞丐。

四金砂陷风一入，翻棺覆椁人灾殃。

四金地阙陷，无城郭，金杀随风而入，主翻棺覆椁。

枢玑阳璇山若陷，禄马不起金阶平。禄神阙陷马空依，催官贵禄山低倾。虽有文章不显达，官不食禄名虚称。

总结上文，四维峰陷，为禄马不起。催官贵人，如艮见丙，巽见辛，凡纳甲相见，皆谓之荐元官贵。若禄陷马空，催官贵人不起，才高班马，必不显达。

龙穴局势无亏失，吉星到位官可必。吉星或见有高低，便以高下为消息。

此言催官、禄马、印笏、文笔，贵当本龙生旺之位也。如乾峰秀起，当为状元宰辅；低圆而丽，高甲可期；低小者富。此所谓以高下消息也。然必先得龙、得穴、得局、得势，而后论此。

天以太乙真文笔，曜气交腾状元出。山形虽美位凶方，亦恐岁久非忠赤。

天以太乙峰高，为文笔，阳金阴火龙得之，主出状元。若当本龙凶方，则文笔化为刀笔。美形在凶方，岁久则凶气感应。

得位失位孰去取，总把龙神变规矩。

如亥方高起，震龙见之为生，离龙见之为曜。申方高起，坎龙见之为生，震龙见之为曜。如刀砂在丙，艮龙见之，杀刀化作牙刀；兑龙见之，牙刀化作杀刀。得位失位，总以龙神变易为去取之权衡。《玉尺经》曰“女人之贵贱从夫”，正此谓也。

详龙审穴辨砂水，此是曾杨彻骨语。

按上文曰龙真局备造化工，又曰龙真穴的齐卢崔，又曰龙穴局势无亏失，吉星到位官可必，故以龙穴砂水言，则龙为君，穴为宫阙，砂水为公孤执事，四者不可无一。而下手次第则以龙为第一。识得真龙，而穴与砂水皆迎刃矣。

世降风移民不淳，吉地相逢莫轻许。

此丁宁贵地留与福人也。 赖公评砂首章云：“龙真局备造化工，定登宰辅位三公。”卒章又曰：“得位失位孰去取，总把龙神变规矩。”可知论砂之先，先有论龙、论局一节工夫。廖公曰：“有穴方可寻地，无局不必问龙。”非砂秀可取，竟不论龙，竟不论局，而可期福荫也。今人不知有龙，又乌论局？自龙不真、局不备，虽有吉砂去取，不明吉凶不验，往往疑赖公之书有隐而未发者，惜哉！

评水篇

催官之水维三阳，水朝砂秀官爵强。

三阳，巽丙丁也。当本龙生旺方，官爵自强。曰水朝，又曰砂秀，见砂水相须为用，阙一不可。

阳璇水朝文笔起，少年科甲夸文章。若见双峰列云汉，兄弟联名亲御翰。有砂无水亦尊荣，砂水并朝更为冠。男为驸马女为妃，中男季子夸门楣。

巽水又得巽峰，当本龙生旺方，主少年科甲。双峰兄弟之象，主应联名。有砂当生旺之位，即无水，亦吉。水交砂会者，更为冠首，上应璇星，主驸马后妃。巽为巨门，属中子，故应仲季。

三阳无砂水不贵，只主姻亲发财利。

少年科甲、驸马后妃之应，以砂水并朝也。如三阳无砂，则贵禄不起，火星不秀拔。总三阳有水不贵，不过藉姻亲致富。

穴乘兑亥阳璇朝，玉堂金马多名誉。艮龙璇水为福轻，最喜庚辛丙丁注。

兑以巽为生方，亥以巽为暗生，故喜其朝入。艮土受克于巽木，虽官旺而福轻。喜庚辛丙丁注者，阴艮以庚辛为生，阳艮以丙丁为旺也。

阴枢南极水洋洋，四神八将砂苍苍。策射金门期第一，定主微垣作良弼。

火龙得丙丁水洋，朝四神八将，砂水得位，主元魁富贵。此二则前篇所云“得位失位孰去取，总把龙神变规矩”也。

二宫有水名赦文，永无凶祸临家门。

二宫，丙丁也。乙辛丁癸为小赦文，甲丙庚壬为大赦文。火局得二宫砂水合生旺并朝，永无凶祸。

少女缫丝白如雪，老莱戏彩娱晨昏。

丁纳于兑，为武曲，人得之，多礼义。丙纳于艮，为贪狼，人得之，为仁寿。二宫砂水合生旺朝入者，女淑而勤，男孝而寿。

三阳水朝归鬼乡，义门寿考同休光。

三阳水当生旺来朝，流归本龙鬼乡者，主孝义忠信、富贵寿考。若水不归于鬼乡，与本龙元窍不通，虽三阳亦无益。

阴璇水朝进金宝，亦主如花女人好。穴乘太乙东南龙，水朝砂秀登科蚤。

阴璇上应胃宿，为仓库，为商贾，当生旺方朝入，主富。辛纳于巽，为女，主如花女人。若穴乘巽龙，见辛为旺，又为催官贵人，砂水并朝，主少年科第。

若还水自太微朝，亦主出人长寿考。但嫌砂碎似鹅头，风流女人多颠倒。

丙为长寿，水火龙得之，生旺互用，主寿考之应。砂似鹅头，为淫欲砂，金龙得此砂于丙方，为沐浴，为杀主风流之应。

兑流切忌阳璇龙，必主徙刑没荒草。

巽龙见酉水，为杀曜，旺中带杀，主刑伤。

天汉天命水朝坟，敌国豪富真无伦。震庚有峰入云表，英雄将帅麾三军。

庚申水朝，主富。震庚高耸，主武贵。合本龙官旺则然。

天汉天关水流入，难免刑戮灾纷纭。

申为震之曜，庚虽震之纳干，其实金克木。震龙见申庚并流，主刑戮。

阳衡水朝主骤富，龙轻砂碎招淫奔。

震为财，建为雷，雷迅速。木龙得卯水旺朝，主骤富。阳火见之，为沐浴，再见砂形散乱，必主淫贱。

切忌博龙入坤度，定主刑祸罹灾迍。

震为坤之杀曜，博龙入坤，则震肆其凶，定主刑祸。

阳枢有水入明堂，粟陈贯朽珠称光。

艮为天市，火局得之，乃有是应。

天屏天皇水来处，财禄人家有优裕。

火旺于巳，水旺于亥，二局有水来朝，龙真局备，则财禄优裕。

天屏水入少微龙，坎龙亢水刑相同。

巳为兑之曜，辰为坎之曜，曜杀相同，故刑亦相同。

双生子女家渐退，缢亾水厄灾重重。

巳为双女，当生方水朝，主双生。旺神退流，则家衰。辰为天罡，当墓方水入，主投河自缢。

鬼牛流去非为吉，念经寡夭常逢凶。

丑未为金杀，为僧道，为妖孽。凡流出丑未，即合本窍，亦库中藏杀。司马头陀水法所以不用真墓，特有取乎御街也。

鬼流来注龙入震，霹雳白昼西东。来去家豪定败绝，人丁定少耆颐翁。

震脉入首，震为雷，阳局墓于未，未水来注，则杀助雷神，故有雷惊之应。未为真墓，来则墓杀倒衡，去则库中藏杀，主败绝寿夭。

元戈洋洋入冢宅，高堂红粉悲无穷。掀裙献花砂拱位，妇女不洁招淫风。若有圆峰盂钵样，定出尼姑与和尚。

坤为老阴，水朝有寡母之应。掀裙献花，淫欲之象，主妇女不洁。圆峰盂钵，僧尼之象，理与形同，故有此应。若金局得坤为旺，水局得坤为生，又不在此例。

阳权阴权互相向，有水特朝乃为上。

壬龙作午向，有壬水特朝为上；午龙作壬向，有午水特朝为上。皆取其旺也。

阴阳砂秀入青云，及第为官至宰相。有砂无水亦登科，有水无砂惟富旺。

阴阳真脉入首，阴局阳局也。官旺方高峰耸秀，自主卿相之贵。砂为贵禄，无水亦主贵；水为财源，无砂亦主富。总以本龙生旺为主，非砂不富而水不贵也。

阳权阴光互相向，砂水并朝岂宜葬。

午龙见癸方砂水为明杀，癸龙见午方砂水为暗杀。

坎龙离水近君门，阳局易发亦易倾。

坎龙离水为交媾，为既济。离为君，故曰近君。坎离属净阳，故曰阳局。易发者，坎离交媾也。易倾者，坎离交极也。

亢娄流注非吉地，少亾悖逆无忠贞。

辰戌为魁罡贵人不临之地，四十八局无喜见此水者，墓杀倒流，主少亾悖逆。

阳阊懒缓亢水入，阙唇露齿含糊声。

兑为口舌，出身懒缓，又逢罡杀，主唇齿声音之病。阴局见辰为墓杀，尤凶。

离龙亥水忌来去，全家曜杀无余丁。

亥为离之曜，来去皆杀，刑祸不免。

四金山水并坐向，痼疾横逆家伶仃。四金对射风入局，黐棺覆椁灾非轻。

四金禄马不临凡行龙朝水坐向，皆不免痼疾、横逆、伶仃之祸。若四金对射风入，黐棺覆椁，祸有更甚。

功曹传送水来去，阳局山水吉无虑。行龙博换入正东，切忌水流传送宫。

木火阳局喜见寅，金水阳局喜见申，故云无虑。震龙入首，见申为曜，故云切忌。

离壬来去离乡邑，阴机天棓生盲风。

火局喜离来，水局喜壬来，去则旺神背流，有离乡之应。寅甲当本龙生旺朝入，主蜚声科第，去则目盲疯跛。

天官来去招继赘，坎癸病肿忧忡忡。

乙为栽接之木，故招继赘。坎癸破局者，水神为病，故忧病肿。

水流北极肃杀位，襟怀鄙琐无宽洪。若还来去跛能履，鳏寡继赘人无踪。

乾为亢阳、为肃杀，其气敛而不施，主襟怀鄙琐。乾纳甲，应主疯跛、鳏寡、绝嗣。

乾亥双行因瘵夭，戌乾喑哑并盲聋。

阴木局见乾亥双来，为墓杀倒流，去则库中藏杀。阳木局见乾亥双来，为生中带杀，去则流破生方，宜其瘵而夭也。戌为火库，乾为亢金，金为火克，则销铄失聋。乾于人为首，与戌金杀双行，则头目受伤，主喑哑盲聋。

坎龙流水入酉兑，淫奔定主期桑中。

酉为坎之败地，坎龙见水从兑方出入，主淫乱。

坎离阳朝破局，咸池水映桃花红。

坎离净阳，震兑净阴。震兑龙流破坎离水，为咸池杀，亦为桃花杀。

巽巳兼朝破阳局，那堪太乙起堆峰。香闺有女颜如玉，堕胎玷污春风容。

巽巳阴水双朝，壬子阳龙墓杀倒冲，岂可巽位更起堆峰。巽为长女，巳为双女，女当绝地，故有玷污之应。

游魂阴枢水兼入，寅午戌岁烧天红。葬法多注兑亥气，制杀回禄应潜踪。

午丙水兼入，元窍不通者，寅午戌三合之年主火灾。注兑亥气者，从兑金转亥水，壮水之主，以制阳光也。

阴光牵牛入冢宅，随母改嫁亾姻宗。少亾毒药因女祸，兄弟屠戮交相攻。

癸纳于坤，坤为母，丑为孤寡。孤子从寡母，必至随母再嫁。毒药，上应匏瓜星，藏有金杀也。女祸，上应女宿也。丑癸同为金墓，故为兄弟。内犯牛金，主屠戮相攻。此言丑癸破局之害。

黄泉曜气最凶恶，阴阳混杂家零落。行龙关节带微淆，受穴朝流亦差错。

黄泉以向与水言，八曜以龙与水言。左关为阳，右关为阴。混杂，阴阳溷杂、元窍不通也。关节，即关界落脉，辨别阴阳之处。受穴，即坐穴，收摄山水之所。落脉阴阳不杂，则四十八局头头是道。若关节微淆，则穴依龙，向依水，无不差错。

龙真局备砂水环，攀龙附凤良非难。真龙迢迢穴奇巧，到头伪气非纯完。三阳六秀砂水助，博龙合矩方为官。

左关右关乘得生气，为真龙；水对三丫生旺互用，为局备。砂水有情，相向为环。真行伪落，说见评龙篇。三阳六秀，砂水相助，必入首辨别真伪。龙真局备，方可富贵。

正面特朝固为美，傍朝叶吉梯云端。抱城绕穴固为吉，直流合矩朝天关。来似之元抱如带，流非吉位家贫寒。反似弯弓直如泻，三吉六秀多官班。

善葬者，专论生气真与不真，生旺合与不合，如真气与水神生旺互用、元窍相通，则特朝傍朝、来去曲直，无所不可。若来水之元曲折，非生非旺，则何补于贫贱？去水反弓直泻，而元窍相通，则何损于富贵？盖理气为主，形貌不足据也。

穴高朝流要长远，富贵易致人安康。朝流高低与穴等，骤发官贵荣芝兰。

山水贵相称也，然参形杂势，主客同情，又在所忌。

催官秘诀止于斯，慎勿浪与俗人传。

此总结全篇。赖公评水，非专言水也。其曰“有砂无水亦尊荣，砂水并朝更为冠”，言砂之表里乎，水也。其曰“穴乘兑亥阳璇朝，玉堂金马多名誉”，言龙水阴阳品配也。其曰“三阳水朝归鬼乡，义门寿考同休光”，言水神来去合四十八局也。其曰“兑流切忌阳璇龙”，出杀之法也。其曰“行龙关节带微淆，受穴朝流亦差错”，穴依龙、向依水之法也。其曰“龙真局备砂水环”，论龙、论向、论砂、论水一贯之道也。学者能深求古人立言之隐，不为篇名所拘，庶乎其善读书者哉！

催官篇注之三

催官篇注之三

赖太素 著
尹一勺子 注

堪舆家有说体之书，有入用之书，二者须当分别观之。如黄右公《青囊》、《日鹤》、《青乌》、郭子《葬经》等书，则体用兼备矣。若曾公序、杨公《奥语》、《宝照》、《天玉内传》、《疑龙》、《撼龙》等书则说体处多，说用处少。若陈华山《天玉外传》、《玉尺经》，赖太素《催官篇》等书，则全在入用处言之炳炳。此数古书，皆堪舆正派，独恨神文昭著，人皆口口传诵，妙诀隐微，谁是全心知噫！走四方，以求丰衣美食者，既乏师承，操三寸以注断简残编者，又鲜慧识。后人莫测宗旨，无所依归，横议林立，聚讼纷如，此是彼非，此非彼是，口有轩轾，都无是处，真道学所以不传于千古也。其实三代而下，《青囊》、《葬经》为地理之权舆，《天玉内传》穷龙穴之变化，《天玉外传》极砂水之神功。杨曾廖赖薪传，的系一派；《玉尺》《奥语》议论，总无二致。世有得《青囊》之奥者，用《青囊》以作囊括，不必毁《玉尺》为不验之经；得《玉尺》之奥者，用《玉尺》以为尺度，不必诋《宝照》为无用之学。但恐学之未真，得之未至，而以假挨星、假大卦、假城门种种谬妄，则《青囊》《玉尺》之义俱晦也。呜呼！余兹惧矣。

一勺有本氏书于笥峰石屋

催官篇卷之一

评龙章

催官第一天皇亥龙，剥龙换入天市艮东。阳⊡巽少微酉左关局，廉贞卯火形也起祖峰重重。

此言亥龙左旋入艮，巽酉为左关局。亥纳于震，震博艮，是后天入先天。

右关廉贞卯降枢兑艮酉，变换太乙巽东南雄。

此震亥龙右旋，火星作祖入艮酉，变换到巽，为右关局艮。

上六句言龙。

艮兑为先天夫妇，震兑为后天夫妇，震巽为先天夫妇，此阴阳变换、夫妇相合之义，即龙神传换之奥也。故先天八卦，乾南坤北，为天地定位；离东坎西；为水火不相射；艮西北兑东南，为山泽通气；震东北巽西南，为雷风相薄。而后天八卦，震东，兑西，离南，坎北，乾西北，坤西南，艮东北，巽东南。《易》曰“帝出乎震，齐乎巽，相见乎离，致役乎坤，说言乎兑，战乎乾，劳乎坎，成言乎艮”，先天后天夫妇可合观也。先儒云：长子用事，长女代母。由图观之，而中男中女乃位居天地之正也。尝考唐虞三代以迄唐宋，擅首出而作元居者，类多中子矣。尧之兄挚，大王之兄泰伯，武之兄邑考，汉高有嫂，光武兄演，唐有建成而太宗继统，宋基太祖而太宗即位，何莫非坎离居中之理哉？盖天人物理消长进退之机，尽包括先天后天二图之内也。

穴承阳枢艮乘生气，或更受穴天皇亥宫。天皇亥太微丙为正向，阳枢穴癸为上龙。

言穴内或乘艮气，或受亥气，或穴癸，或向丙，则受气真、立向正。

上四句言穴。

四神八将应位起，三火并秀三阳冲。

四神，乾、坤、艮、巽；八将，子、午、卯、酉、甲、庚、丙、壬，有谓艮、丙、巽、辛、兑、丁、震、庚者非。三阳，谓丙午丁。

上二句言砂。

三阳洋潮入庚震，

三阳有二。上是三阳砂起，乃丙午丁；此是巽丙丁水。三阳朝来，入于庚，或入于卯，《评水》云“三阳水朝归鬼乡”，卯庚二位皆鬼乡也。

此一句言水。

食邑开府应三公。更出仙翁与佛子，蓬莱真境超凡风。

此三句言应验。

首言亥龙左右旋，次言穴气，次言砂，次言水，次言应验，其妙用总在“太微正向”四字。若向丁，便有不同处。世言《催官》用法隐秘，其实妙诀即在文字内也。如此章亥龙丙向一局，龙穴砂水至详至尽，其应验毛发不爽，但《催官》立论名偏言一吉龙，即不言其凶处，如亥是也；言一凶水，即不言其吉应，如坤是也。公意原以天机不敢泄尽，俟得诀者一反三隅，吉凶自然不能相掩。如此局应验上说三句究之，八将四神砂中大有分别。如乾甲子午砂应位，其砂头光润、砂脚整齐，应三元及第、三公宰辅；巽砂应位文章盖世；坤卯庚壬酉应出将军，威制阃外；丙砂应出长寿，为赦文，主无凶祸；艮砂出仙翁、佛子，若带癸一二分，而又有丁砂照向，则仙佛长寿，而开府食禄者大数不永，或后嗣萧条。此亦天地之无全功也。读《催官》者，只羡亥龙第一，而不得此中大诀，岂著书者悞人哉？抑亦读书不解窍者自悞耳！

天枢艮起祖降兑巽，变艮作穴宫位同。

此言艮龙入酉巽，得四神八将砂、三阳水，官位亦同亥龙。世人不解《催官》真传，止见开卷称天皇龙，而不知龙之传变与砂水之应位吉凶兮效不同一格；止见阴龙之尊，而不知阴龙之贱；止见阳龙之贱，而不知阳龙之贵。此学者所以走遍山冈，阅尽亥龙，了无证据，视《催官》为空文而诋之诽之者，从兹起矣！可胜叹哉！

少微酉起祖降枢巽，亦主富贵永兴隆。

酉龙左转艮，右转巽，俱主富贵。

六秀变出紫微局，砂水应位官无穷。

六秀，艮、丙、巽、辛、酉、亥。此言六秀行龙转亥入首，然至诀总不论六秀三吉及诸吉凶。龙俱要砂水应吉位，方能随位之大小发达。若砂水不应位，龙虽合法，亦无证据，福力终轻。

六秀行度间震庚，三吉受穴文武崇。

三吉，卯、庚、亥也。六秀行龙，间以卯庚，而转卯庚亥受穴，此文武并出之龙。

凡言三吉六秀，俱从坤卦对宫起贪狼之法言之也。《玉尺经》龙诀亦同。世俗不识旨要，而六秀三吉八贵止坐阴宫，而不知乾坤坎离四阳卦吉秀贵在阴宫，震巽艮兑四阴卦吉秀贵郄在阳位也。如震卦变上爻为离壬寅戌，为贪狼；变二爻为乾甲，为巨门；变初爻为巽辛、禄存；又变二爻为艮丙，为文曲；又变上爻为坤乙，为廉贞；又变二爻为坎癸申辰，为武曲；变初爻为兑丁巳丑，为破军；变二爻为震庚亥未，归本卦，为辅弼。八卦俱以八变，而成贪、巨、禄、文、廉、武、破、辅。由此推之，则阴卦之贪、巨、廉、武在阳，阳卦之贪、巨、廉、武在阴。三吉、六秀、八贵，总无定位，《催官》亦尝死执句下也。其死执句下者，皆由为注误之也。

阳衡卯起祖降三吉，震庚受穴武应同。

纯系卯庚亥行龙，故主武贵。若带巽辛，则出文臣掌兵权也。看龙如是，取局亦然。盖震为雷，雷庚为威胆，巽辛为文章之府也。

亥山一丈能致富，巽水一勺能救贫。辛山十丈富相亲，难养过房异姓人。

亥山一丈便可致富，若同辛山十丈，则富堪敌国矣。但得亥山力，恐为富不仁，又不如辛山之富而好礼者也。此等评论，全在用法合窍方准。若遇亥辛破局辛，则乞丐、绝嗣、孤苦。亥乃虚痨损少也。巽水一勺即能救贫，若逢洋洋大潮，其富贵可胜言哉？然带巳二三分同来，或立阳向，亦有冷退之弊。《天玉外传》云乙辰卯辛戌乾砂水破局，有螟蛉异性之应，故辛山虽富，子嗣则亦艰辛矣。

震庚砂水秀朝位，持节边疆统率人。

卯庚砂水合度曰武。

少微酉**转巽还少微，人则昌炽官职卑。太乙**巽**少微复太乙，亦主文官持彩笔。**

西龙过巽转西，主人财皆炽，以西金气顽故也。然转巽则能以赀为官，究竟以金顽，故虽为官，亦主卑微。巽龙过西迁巽，主文官彩笔，以巽在东南木火之位，有文明之象。竟以转西，故而得宦囊丰厚，不但以彩笔名世而已。

迢迢西兑入天皇亥**，清贵翰苑夸文章。天皇迢迢入西兑，亦主清贵寒水霜。**

西亥是金寒水冷之地，故清贵。然酉入亥，虽清贵，犹是金来生水，尚得琴鹤相随、鼎食自如也。若为入酉，则釜满尘，灶鸣蛙，而清贵寒冷水霜矣。在三合，又为木入金地也。

迢迢天皇亥**剥入艮，富贵兼美芝兰房。**

艮为天市垣，财货金玉所聚之地。震之先天在艮，亥为震纳，为先天入后天，故主富贵。

天皇天市龙第一，巽辛兑丁官可必。最喜廉贞作祖宗，廉贞作祖为官疾。

世人只羡天皇龙，总因《催官篇》“第一”两字误之也。而不知赖公以“催官”名篇，二十四龙独亥为紫微帝星所在，曰“催官第一天皇龙”，所以尊帝德也，非尊亥龙也。由是巽辛卯庚未酉丁巳丑艮丙一总连类并举，曰开府三公，曰官位同，曰文武崇，曰持节边疆，曰翰苑文章，曰官可必，曰为官疾，将十二阴龙之催官正诀龙龙指破，特未暇言其凶处耳。一则以天机不宜泄漏太尽，一则以文势无可安顿，不得已将阳龙之凶处略略点破几句，又恐放篇名有碍，不得已，亦以公侯、生官、班荣等句点染题目，其实非以阴龙为贵、阳龙为贱也。篇内句句有一活法，安得尽起斯人而告之以天机妙诀也？赖公之心亦苦矣！

阴枢丙南极丁及天汉庚，行龙受穴最荣吉。

丙丁为三阳火，为寿星，为赦文。庚纳震，有胆识，故行龙受穴最荣吉。

天屏巳巽丙同逶迤，只主优游富衣食。

巳为地户，纳于酉。巽畏鸡，巳亦煞党，故巳巽丙同来，只主优游衣食。巽虽能文，为巳制伏，喜丙开赦，亦能主富。不然，则自相克制，将有冷退隳胎之患矣。

鬼牛二气灾害萌，拜礼神佛崇香灯。二煞即鬼羊金牛，独行岂为吉，宜与丁艮相兼行。丁艮行龙局度吉，男女多痣家丰盈。

自首至此，统论阴龙之美恶。

未鬼金、丑牛金，多是左道，言独行则不吉。未宜与丁同行，主寿考。然或带坤，主出尼姑、道姑、师婆，或寡母私通僧道。丑宜与艮同行，主发大富；不宜与癸同行，主兄弟屠戮、女祸、随母改嫁。

阳权午软伏蜂腰起，阴权壬砂水来相迎。切忌亥戌来照穴，鼓盆戌翻覆灾相仍。

言午龙软伏蜂腰起脉，得壬砂水来迎，力可催官。但午畏见亥，壬与亥交界，若界缝中出亥煞不净，再会戌来照穴，主灾祸。此乃详言离龙之喜忌，勿悞阳龙为凶多吉少也。

阴龙壬坎癸贵精俊，冈势磊落如流星。阳权午砂水秀朝穴，龙虎抱卫公侯生。

产公侯，由当太阳，以壬辅之，而全要得冈峦精俊、龙虎抱卫、砂水秀朝，当吉位起也。

阳权午阴光癸砂水秀，阴阳砂拱官班荣。阳光子瑶光冂阴权壬位，行龙懒缓生泉泓。阳光单行更高耸，孕生六指无猜疑。

此言壬子癸行龙，砂水秀朝，主催官。若行龙懒缓，则生泉泓。子龙单行高耸，则生六指。行龙之凶，总在“懒缓”两字。若精秀，则官可必，为官疾矣。

阴立坤行龙兼鬼气，少亡孤寡兼尼僧。

言坤龙只喜兼申同行。若兼未，则主少亡、孤寡、僧尼。

阳玑⊡单来最凶恶，绝嗣无主坟荆榛。

乾以老⊡退处西北，绝无生机，要与戌同行，尚带先天少年生气。若单行无辅，则主绝嗣。坤若单行亦同。

魁罡戌辰行龙不堪穴，少亡恶逆常孕兢。山奇水秀穴周密，暂可致富随伶仃。

戌以娄金，辰以穴金，又为天罗地网。若与辛巽同行，主少亡恶逆。纵山奇水秀，小暂可致富，随有伶仃之应也。若成⊡乙辰同行，不在此论。

阴玑甲天棓寅若受穴，瘤疾风跛人生直。寅甲行龙穴奇巧，仅可一发人温饱。

《玉尺经》寅甲行龙，那堪风疾缠身。《天玉外传》寅甲破局，主疯跛残疾、盲目疙背。以寅带艮、甲联卯，方有此应。若寅甲双行不杂，则杨筠松云“着绯又着绿，寅甲水来逐”，《玉尺经》“少年蜚声科第，必是水来寅甲”。况寅奇巧，但温饱已哉。且必有魁元多男之验矣。读《催官》，总须贵通活法，莫泥陈言。

阳龙懒缓不须栽，形孤穴露生凶灾。龙行起伏如万马，阳局周完要奇推。

自“阳权软伏”至此，统论阳龙之凶吉。

《催官》评龙，若泥于句下，则阴龙吉、阳龙凶，其实皆各举一条，以发其凡耳。如亥龙贵矣，若天关照穴，定主杀戮之祸；若懒缓带壬，穴形孤露，亦生凶灾。余读至此，换一阴字诗云“阴龙懒缓不须栽，形孤穴露生凶灾”解此，则《催官》四篇翻案可尽，庶几破赖仙之壁垒，登杨曾之堂奥，不然吾恐株守死句，都无用处，而訾神文为欺世害人，岂任其咎哉！

世人只爱龙逶迤，不明曲折兼醨醨。天皇亥行龙莫曲折，玑乾权壬气杂非瑰琦。

曲折最是行龙所喜，又恐不清醨，而犯阴阳差错，如亥龙在乾壬界缝中，左旋丑艮为醇，杂壬子为醨；右旋辛酉为醨，杂乾戌为醨。世人只道逶迤曲折，而不明醨醇之义也。此以下皆发明醇醨两字之义。

天市逶迤失正气，天苑甲天棓寅为深疵。阳旋巽切忌间亢辰气，兑庚委曲咸利宜。阴乘亦忌见娄戌气，乘气慎勿差毫厘。

言艮龙逶迤，恐失正气。一间寅甲，便为深疵。巽间辰，辛间戌，俱失正气也。然龙之醇醨当明，而穴中之乘气，则不可毫厘有差，尤宜仔细，慎勿差乘。稍一差乘，便要生祸。

龙辨中抽左右落，吉凶官职定荣削。左落乾亥如双行，乾多亥少那堪作。右落乾亥如同行，亥多乾少堪裁度。中抽乾亥如平分，可作行龙穴休凿。

亥龙宜中抽。左落宜亥多乾少，作穴乘亥气，放出乾气，亥气方清。若乾多亥少，则亥气不清，不堪作穴矣。右落宜亥少乾多。若亥多乾少，则或乘亥气，或乘乾气，俱当裁度。倘裁气不真，穴亦不堪作也。主乾亥平分，龙中抽，二气混杂，不可凿穴。

壬亥双行详左落，亥多壬少官荣爵。双行右落龙不织，壬多亥少家阔索。中抽壬亥如平分，转换真奇莫差错。

亥壬龙左落右落，俱要裁度多少。乘气加挨，毋差毫厘，有荣爵消索之异。如转换真奇，则乘气既醇，自然荣贵。

单行中抽爵禄縻，在落乾顶真龙亏。右抽壬顶为四辅，龙行官旺何须疑。

亥龙单行中抽，爵禄自縻。如左落，则是乾顶，而亥之真气亏失。右落，则壬顶，为四辅，行官旺，则亥龙博终行须疑哉。

艮顶中抽为第一，最喜直龙嫌逶迤。左落丑顶为半吉，右抽寅顶生疯痍。

此艮顶中抽之龙，最喜直出，是在入首之处，非指行度，所以嫌逶迤。左落丑吉，右落寅凶。

丑艮对顶平分出，颖异亦主生光辉。丑艮双行从左落，丑多艮少生灾危。丑艮双行从右落，艮多丑少荣孙枝。

丑艮双行俱吉，但艮为少男天市，其体比丑而更美耳。

寅艮中抽不宜穴，左落艮顶堪扶持。寅艮右落岂为吉，棓星作主生灾非。

艮寅不可双行，寅以箕星，主疯疾，同艮行为煞曜，而带廉贞。

震山中落最为吉，若兼甲乙宜深推。震甲双行犯疯疾，震乙继赘螟蛉儿。

卯山之间甲乙，似亥山之间乾壬。亥不可杂玑权之气，卯亦不可兼官苑之星也。龙脉水路俱同。

离丙双行切须忌，天降回禄灾晕飞。

午丙双行，主回禄。

辰巽双行非精美，左落辰顶堪嗟吁。

辰巽双行，而左落之辰顶堪嗟，盖以辰主伶仃、疯癞、喑哑、痼疾、水亡。

辛戊双行本非吉，左落辛顶多镃錤。

辛戌兼行，而左落之辛顶堪取，盖以辛司文章、元冠、翰林、金帛、珠翠。

丁山正落始为吉，午未气杂家陵夷。

丁未兼行亦吉。杂午则凶。

起顶降脉定偏正，他宫仿此须无违。

自“龙辨中抽左右落，吉凶官职定荣削”二句总提至此，辨明曲折醇醨，以为取气之大关键。目亥之醇醨论到戍乾，皆以阴阳不杂为主，以左右中三落于起顶降脉处定其偏正，而立穴承气方有下手处。

衰病绝乡为福薄，死墓温杂家流离。冠官生旺胎养位，不须更论阴阳比。

催官最重净阴净阳，此又以生旺立言。盖生旺墓亦本先师法度，更能比合阴阳，则尽美无疵。然能比合阴阳，为福不无厚薄，故衰病绝败。即能遇龙来醇净，为福亦薄。死墓龙来混杂，为祸更重。冠官、生旺、胎养之龙，则不须更以阴阳比合，亦能发福。

刘伯温注耶律楚材《天星心法》云庸师执泥催官，不明作者心法，而贵阴以贱阳也。真得净阴净阳之秘者，阳居四维，而阴居四正，阴阳之妙方得也。

四龙剥换为上吉，卦变二三者为希。一卦独行名专一，

四龙，乾坤艮巽。四维之龙安，注以艮兑巽亥为四龙者，非王辂经曰每龙成六合专一，无生克，变卦皆相生得法，应科名。如乾甲丁亥卯未，皆属木，同一卦皆生在亥，故五龙皆宗乎乾。如坤壬乙申子辰，皆属水，同一卦皆生在申，故五龙皆宗乎坤。如艮丙辛寅午戌，皆属火，同一卦皆生在寅，故五龙皆宗乎艮。如巽庚癸巳酉丑，皆属金，同一卦生在巳，故五龙皆在乎巽。四龙统括二十四山。剥换，言变化也。龙之行度，剥胎换

骨，不出乎本卦，是名专一。剥换人乎二卦三卦者，为希然，亦以相生者吉，相克者凶。一节管一代，一节生旺，一代富贵；一节克害，一代贫穷，甚主败绝。古仙以山推退运者，盖由是也。如乾亥甲卯丁未之木山，自亥方来者为长生，自丑艮来为冠带，自甲卯来为旺方，故亥龙惟喜廉贞。卯午祖宗也，自巳午来为沐浴，自未坤来为墓绝，即此可以知龙之美恶与祸福之应矣。

尝读堪舆家言，每每略举一斑，使后之学者莫窥全豹。如四龙注意，正杨公：二十四山双双起起，排定阴阳莫联珠。其相放之法，如乾甲丁亥卯未，以顺行之申（甲）木生亥，旺卯库未言之也。若逆行之，乙木则生午旺寅甲戌矣。是寅午戌亦皆宗乎乾。如艮丙辛寅午戌，以顺行之丙火言生寅，旺午库戌也。若逆行之丁火，则生酉，旺巳库丑矣。是巳酉丑亦皆宗乎艮。如巽庚癸巳酉丑，以顺行之庚金生巳，旺酉库丑言之也。若逆行之辛金，则生子，旺申库辰矣。是申子辰亦皆宗乎巽。如坤壬乙申子辰，以顺行之壬水生申，旺子库辰言之也。若逆行之癸水，则生卯，旺亥库未矣，是亥卯未亦皆宗乎坤。故未坤申同一卦，申为壬水之生，未为癸水之墓；戌乾亥同一卦，亥为甲木之生，戌为乙木之墓；丑艮寅同一卦，寅为丙火之生，丑为丁火之墓；辰巽巳同一卦，巳为庚金之生，辰为辛金之墓。甲木死午而乙木生午，丙火死酉而丁火生酉，庚金死子而辛金生子，壬水死卯而癸水生卯，即所谓双双联珠也。其要总在结局处，用罗经格水口辰戌丑未，在发脉处用罗经看乾坤艮巽。如水口格得是辰，则知起祖之山必乾；发脉之顶在乾，则知出口之水在辰。大干数千里不爽，一干数百里亦副。若小枝小脉，虽出数十里，亦一毫不差也。故水口在辰，左旋之龙，以辛金生子旺申墓辰论。右旋之龙，以壬水生申旺子墓辰论。戌丑未辰，此即古仙入山寻水口之诀也。故《玉尺》云：羣流趋归东北，而坤申之气施生。以坤申左庚右丁，同墓于丑也。

正龙落脉无栖迟。栖迟闪侧为伪落，亦须造化无参差。

正龙，中抽之脉。无栖迟，一或栖迟。闪侧便有伪气，恐造化中有参差故也。

真龙伪落为变局，龙真穴的难推移。砂秀水朝为吉助，剥龙合向登云衢。伪行真落虽速发，但恐换骨有兴衰。

山间真龙，每多伪落，局变不一，俱以龙真穴的，实难推移。又得砂秀水朝，应吉位起，然后用刚龙合向之法，则能登云衢，而催官不难也。合向之法最秘，先师所不敢笔之于书者也。伪行真落，发福虽速，然推到换骨度上，兴衰立见也。

详观砂水定品秩，收放乘气为真机。土圭测位勿草草，心意消息毋昏欺。龙穴砂水至心要，为君备赋催官诗。

龙真穴正，详观砂水，则官爵之品秩可定。而真机秘妙，要在收真气入棺，放伪气出外，然后以土圭测龙穴砂水之方位，慎勿心意昏欺，草草看过，以致方位不的，而吉凶不准也。此至心之要，《催官》诗备赋之矣！

赖公催官龙诀，以贪狼、巨门、禄存、文曲、廉贞、武曲、破军、左辅、右弼九星，在龙神右左之处辨其吉凶。右空左二字，即龙神用法也。从古以来俱口传心授，而不敢笔之于书者，诚以泄漏犯谴为戒也。世有真慕此道之士执贽来学，果得口传，亦宜珍重。

九星位次一白贪狼坎，二黑巨门坤，三碧禄存震，四绿文曲巽，五黄廉贞中，六白武曲乾，七赤破军兑，八白左辅艮，九紫右弼离，此天上九星也。其数自一二三四五六七八九，数本天定也；星自贪巨禄文廉武破辅弼，星亦天定也。以廉贞居中，贪巨禄文武破辅弼分八宫位次，天然下卦起星，平洋看龙法也。无极子挨星本此。

九星纳甲所属艮丙贪狼木（生亥）；巽辛巨门土（生申）；乾甲禄存土（生寅）；离壬寅戌文曲水（生卯）；震庚亥未廉贞火（生寅）；兑丁巳丑武曲金（生巳）；坎癸申辰破军金（旺酉）；坤乙辅弼土（旺子）。此地下之九星也。以地母卦坤从上爻变，下凡八变而归本卦，合辅弼为一宫，以贪巨禄文武破辅次第变去，其长生与所属，则以九星为准结局落穴。山谷看龙法，杨赖看龙星，入宫本此。

龙卷终

催官篇卷之二

评穴章

天皇评穴亥

催官第一天辅壬穴，天皇亥气从右耳接。穴宜挨左微加乾，天皇气贯穴无泄。四神八将俱朝迎，紫绶金章在前列。

亥龙壬穴，从右耳接亥气，穴宜挨左微加乾，则亥气贯穴，毫无泄漏。又得四神八将砂，应位金章紫绶，如“评龙”首之应验矣。

天皇亥气射天厩乾星，微挨西兽白虎（边）加壬行。天厩穴空始为吉，耳受左气官班荣。

亥龙乾穴，从左耳接亥气，微挨过白虎边，放出乾气加壬，则天厩气空，而亥气始得。

天皇气冲穴北道癸，挨左立穴为枢艮要。稍加乾位细推详，右腧乘气毋冲脑。

亥龙癸穴，从右腧取亥气，挨左艮而稍加乾，则亥气从右腧入，但腰腧受气，多犯杂气冲脑。毋冲脑，则杂气出矣。

天市评穴艮

催官第二穴宜癸，天市艮正气左冲耳。穴挨西兽微加寅，书锦荣华耀闾里。

艮龙癸穴，从左耳受正艮气，穴宜挨过白虎边，棺头微加寅于气线内，放出寅气，则艮气正贯左耳。

天市行龙太微丙向，气伸左腧官资旺。阴阳相见福祥来，二枢配合相随遇。

艮龙丙向，从腰腧受气。艮为阳枢，丙为阴枢，二枢配合，阴阳相见，力可催官。

腧穴在脊中，对脐各开半寸。

凡穴取气，于下棺时，仔细将山顶来脉，与穴中棺脚之左耳右耳腰腧俱卦气线看清，扠何气入穴，何气出外，慎勿草草，须要真的，方能发福。故《催官》评穴，专论乘气，为入用之奥。

壬癸背一面九离，河洛理数无相违。四兽四垣各正位，五气顺逆相凭依。

此总断丙丁二向之美也。壬癸在坎一宫，丙丁在离九宫，故曰背一面九离也。此于河洛理河洛数相合无违。四垣者，紫微垣在北，天市垣在东，太微垣在南，少微垣在西。四兽者，青龙、朱雀、白虎、元武也。各在位者。二十四山惟坐坎朝离之地，则四垣四兽各得其本位，而五气顺逆各得其凭依，公盖赞坐北朝南之妙也。《玉尺经》“戴九履一，而天地之中数居尊”，与此局相合。

天市迢迢穴阴玑甲，气冲右耳无逶迤。天厨丑微加穴粘左，富贵文武官崇魏。

艮龙甲穴庚向，以右耳乘气，无少逶迤。稍若逶也，则艮气不真。穴宜粘左微加立，则艮气正冲右耳。

阳枢艮穴坐天官乙星，右腰乘气多劳名。若得阴璇亢辛壬山秀起，含书饫史称明经。

艮龙乙穴，右腰乘艮气。若得向上辛峰秀起最吉。

阳枢为龙向西兑，右耳乘气最为贵。穴宜挨左加厨星丑，阀阅荣华定无比。

艮龙卯穴酉向，以右耳乘艮气，穴宜挨左加丑边。

天市行龙向阳璇巽，气冲左腧通微元。屋润家肥积金帛，只恐夭折亏天年。

少男胗人长女夭折之应，岂非以少男之清俊长女美丽与？故《玉尺》亦云“喜算减兮福丰”。

阴璇评穴辛

催官第三天厩乾穴，天乙辛行龙左耳受。挨左立穴加少微酉，中男及第纡紫绶。

辛龙乾山巽向，合纳甲催官，应中男及第。

阴璇穴酉向东震，天乙气从左耳进。微道娄戌位勿加

多，巡警小官亦英俊。

辛龙卯向，龙与酉山相克，局穴周密，纵为官亦卑微。

阴璇辛穴自天市垣艮，气从左腧推其源。玉堂金马无分到，儒官俊雅多田园。

辛龙艮向。辛为文章，玉堂、金马亦其分也。公云“无分到”，亦看砂辅水佐何，如是不一，格不必拘。此篇俱在受气入穴处讲其应验，不过略发大凡。既以“催官”名篇，故段段俱说入官字去，盖虑题口冷淡也。又嫌官中语句繁冗，故作反说，以见清新耳。玉尺云：“或神煞之交横不一，砂水之隐见不齐，例难执乎纳甲，法莫妙于变通。”天下固有辛龙艮向而翰苑驰誉者矣，亦有辛龙艮向而家徒辟立者矣，玉堂、儒官俱属无分到也，又奈之何哉？

阳璇评穴巽

催官第四穴宜乙，阳璇左耳气冲入。天官乙借坐加青蛇，禁关宸宫须夜直。

巽龙辛向，以左耳受巽气，合阴阳相见，纳甲配合天以太乙贵应人直禁关宸宫也。

太乙巽行龙天风穴巳，右耳受气真奇绝。亢金辰煞位勿多加，巨富小贵人英杰。

巽龙巳穴，巽畏酉，巳亦煞党，克制巽龙，但以亥向发富而已。此等评论，可悟穴中作用之法。

太乙行龙向阳枢，左腰乘气无差殊。砂奇水揖龙精

异，诗书富贵多金珠。

巽龙艮穴，以左腰乘气。凡穴与龙隔四五位者，以脐腧乘气，要出得伪气，无一毫差珠，则乘气乃的。“砂奇水揖龙精异”七字，不论何龙，俱要合此。

阳衡评穴

催官第五穴宜甲，阳衡卯气从右耳发。穴挨西兽加天官乙，持节边疆掌生杀。

卯龙甲穴庚向，得庚亥未砂秀水朝，主持节边疆。然尤喜酉方不缺陷，方不阵亡。不然，亦如李将军之降敌耳，欲求如苏典属之节凛亦难已哉。真知此道者，于点穴时慎之。

柯香卯东曰穴天官乙，气贯右耳尸灵安。微加甲位穴粘左，先文后武荣官权。

卯龙辛向，宜辛上有山秀美精英，主先出文贵，后出武贵。在砂水之取效本先，而龙刀之发积为后。此杨赖为人立坟安宅，多凭砂水做作，以救目前为先务，次后看龙，以图远久云。

天汉评穴庚

催官第六向东震，天汉庚气从右耳进。微加申位多荣名，富压乡邦众钦信。

庚龙卯向，气从右耳入。穴微加申位，则放出申气，力可催官，发武贵。诗云“富压乡邦”，益以申气未出也。

天汉正向天市艮星，气奔左耳真奇清。微加酉兑穴粘右，水朝局备家资盛。

庚龙艮向，庚气奔入左耳，得水朝局备，主家资丰盛。

南极评穴丁

催官第七穴宜坤，南极气从右耳奔。要使穴阴未勿鼠穴，微加天广荣家门。

丁龙艮向，气从右耳入，须防未气间杂，要挨过午方放棺，使丁气从棺头右耳入，未气在棺头余土外过去，乃出得未气清，收得丁气的。若以腰受丁气，则未气贯耳，而丁气不清矣。以穴在坤，要使丁气入、未气出，大卖消详耳。此法宜立视穴中，仔细体认。

南极行龙天皇向，气冲左耳乃为上。穴其西兽微加羊未，阳权午慎勿毫厘间。

丁龙巳山亥向，中间年字，要收丁气出午气方好。所以放棺间土要挨未方，使午气从棺头余土过去，不入穴中。先埋入棺，便要作祟。

太微评穴丙

催官第八丙龙乙，气冲左腧英才出辛向。太微之龙穴粘□，气贯左耳富巳亥向。

此丙龙作乙穴辛向、巳穴亥向，气贯脊腧英才出，贯夫耳发富。

太微行龙向阳枢艮，右腰乘气无差殊。穴宜挨左加青蛇巳，亦主人旺家资富。

丙龙艮向，右腰乘丙气，要乘得的，慎切差乘。午气入穴，但宜挨左加巳，出清午气。

少微评穴

催官第九兑山艮，左耳气冲无多紊。略加天乙辛贵龙来，亦主文章典州郡。

酉脉艮向，左耳受气，略加辛边，兼收辛气入穴，则来龙贵，主文章。

金鸡酉来向天门啼亥，气冲右耳天廐虚。微加天汉庚水砂朝，少年一举登科第。

酉气巳向，要出乾气，为天廐虚。兼收庚气，再得砂朝水秀，少年登科。

金鸡啼向扶桑东卯，气冲脑散亏神功。庚辛受穴始为吉，官职荣华资财丰。

此即杨公开杖葬法。酉龙竟作卯向，犯气冲脑散之病，以中顶刚硬，用开杖葬法，以二棺受辛气，一棺受亥气，不冲脑。

少微正向宜配丁，右腰乘气官职轻。若转大星脉受穴，右耳受气公侯生。

酉龙正配丁向，但以右腰乘气，恐杂壬子气入。惟脉转天皇，以右耳收气，则酉亥气到，公侯生矣。

《催官》每章都带官字语言，盖由龙龙可以催官，穴穴可以催官，天下林林攘攘，即一命之吏尚少，况公侯乎？无怪子未得诀者之疑之也。如此章酉脉丁向，正合催官之意，而又云官职轻，不几自相矛盾乎？其实非也。入归元龙，入归元水，其力俱可催官。然又取必于气纯不杂，用法得穷，方有佳验。若龙水气杂，法宜挨放，倘放挨不清，为力终轻。赖仙反复谆谆，示人至诀，而世人自不悟耳。

阳权评穴午

催官第十穴天贵丙，阳权左气从耳注。微加南极丁局周回，砂水合矩公侯至。

午龙丙山壬向，午气从左耳注。穴微挨丁，方局势周回。砂水踰矩，受气虽的，福力终减。

离穴迢迢应日星，丁穴右耳乘炎精。微加天贵毫厘位，立见骤富官职荣。

午为日、为炎精，午脉癸向，气从丁穴右耳入，挨丙方下穴。

天辅评穴壬

背一面九乘天辅，气从右耳为合矩。穴宜挨左加天皇，富贵荣华振乡土。

壬龙子穴午向。一九解见上。

壬山迢迢穴天艮，天辅气奔冲右腧。穴左微侵半分亥，富贵声名响闾里。

壬龙艮穴，右腧受气，穴挨左微半分亥，慎勿多挨，挨多则壬气杂矣。

天辅穴向天官乙星，气从左腧通元灵。穴宜挨右加阳光子，亦主财赋人英杰。

壬龙辛穴。

阳光评穴子

穴坎阳光右耳通，龙脉真俊生英雄。切忌阳光气冲脑，家资退落应如扫。

子龙子穴，切忌气冲脑散，宜从左耳乘气。

阳光穴坐天艮垣，气冲右耳乃为元。宜挨左加天辅穴，子产六指多田园。

子龙艮穴，右耳乘气，穴宜挨左加壬，孕生六指男发富，生女六指则贫。

阴光评穴癸

催官十三穴元戈坤，阴光俊美右耳过。挨加微就半分月子，富贵便见风流多。

癸龙艮穴坤向，龙神俊美，以子配癸，二气俱收，风流伊谁可并？

阴光癸穴坎向阳精午，左耳乘气不为轻。穴宜挨右微侵牛丑，出人英俊资财盛。

癸龙子穴，左耳乘气，则无冲脑之弊，所以财帛丰盛，与上应如扫异矣。

元戈评穴坤

丁穴回环局周锁，元戈耳入气冲左。穴挨西兽微加申，龙脉精奇发如火。

坤龙丁穴。评云“龙脉精奇发如火”，盖龙脉粗顽，则不发也。然龙脉精奇，壅不如法，亦不发也。故山川之精奇，生成于地取气之得脉，讲究在人财乘脉取气之道，何可不精求与？

坎离交极少生气，老阴坤不交龙不备。水朝砂秀亦堪夸，坤癸离壬纳于是。

坤龙坤穴，是老阴不交。纵水朝砂秀，亦当求癸午壬寅戌山向下之，方有化育生机也。坤之先天在坎位，坎纳癸，由辰配午，纳壬寅戌，故曰“坤癸离壬纳于是”也。

阳玑评穴乾

亢阳乾无生甲从乾，气从牖入非天然。阳局不奇必凶恶，鳏寡绝嗣灾害绵。

乾龙甲向，气从牖入，力足催官。但乾为老亢，退处西北，必得配合，方为有用。或带戌，或转壬，或朝甲，俱可。若局势不真，必有凶恶，主鳏寡绝嗣，以亢阳之气少化育也。

阳玑来龙宜向乙，迢迢左气从右入。穴宜挨左微侵娄戌，水朝局备家豪实。

龙脉乾作乙向，以坤纳乙，配成先天夫妇，有生机也。气从左来右入，微加戌位，又合后天用神。

鼓盆评穴

戌山迢迢宜向乙，鼓盆戌左气奔耳入。龙行起伏向洋朝，巨富但恐人残疾。

辰戌库地主财宝，但行龙起伏，亦主大贵。验之往迹，孔墓是戌，孙墓是辰，且行龙精英。戌乾辰巽，主发魁元。评云“残疾”，亦犹巽宫之犯冷退也。

鼓盆龙向天苑星甲，行龙懒缓灾非轻。穴挨西兽细消详，水朝局备家资盛。

行龙缓懒，无论戌龙，即三吉六秀，亦灾非轻矣。戌龙懒缓，评云“细消详”“家资盛”，倘使精俊，则官可必矣。愚非故作反笔，盖戌龙亦实有福力也。于旧坟宅验之，方信是论诚非虚语。

功曹评穴寅

功曹坐艮向元戈坤，左耳乘气无偏颇。微加甲位局周全，龙脉精奇发如火。

寅龙艮穴。

功曹正向天关星坤，龙脉颖异穴堪亲。砂水不备总凶恶，寡母怪疾多生嗔。

寅龙寅穴（申）向。“砂水不备总凶恶”句，此二十四山向总评也。龙穴之发福大小，为祸轻重，总取证于砂水局备。若砂水不备，龙真穴的，力量终轻。非重砂水也，乃龙穴之未结作耳。龙穴结作，亦惟砂水是凭，盖由天地间有怪龙怪穴，无怪砂水也。故飞砂走水之所，虽龙穴如画，亦名花穴假形。在砂凝水聚之场，即龙穴隐微，斯称鬼秘神惜。

阴玑评穴甲

阴玑穴异向乾峰，气从右腧家兴隆。左右不交龙失度，鳏寡疯疾动瘟风。

失度之龙，即甲配乾向，亦不免鳏寡疯疾，盖理气本寓于形势也。

阴玑起伏龙向坤，左耳乘气福无穷。宜穴粘左微加寅，龙奇局锁方堪用。

甲龙坤向，以左耳乘气，穴粘左加寅，然行度与龙局俱要合法。评云“龙奇局锁方堪用”，盖龙不奇，不堪用；龙奇局不锁，亦不堪用；龙奇局锁，乘气不真，亦不堪用。故形势理气是合一之事。篇中讲理气，总不忽略形势，意固有所在也。

亢金评穴辰

亢金穴巽向阳玑乾，气从右耳为合矩。天官乙微用穴粘左，巨富但恐无期颐。

辰龙乾向，合龙得天门之格，取得辰气。真砂水从高柱方拱照，主寿。“无期颐”者，以辛砂水秀而天柱低也。

亢金行度向元戈坤，左腧乘气力比和。天官微加穴挨左，龙要精奇局要锁。

凡讲理气，总取必于龙奇局锁。评语再三丁宁，使人于形势讲究精切，然后理气有安顿处。即如乘气之法，亦在峦头上分清，引气入穴，非凭空指为收某气入放某气出也。

天常评穴未

未山起伏龙向艮，太常未气冲右耳边。穴挨左位带丁来，左道荣华人贵显。

未龙坤穴。鬼金隶未，主左道。穴收其气，虽贵显，出人信祟求佛。

天关评穴申

天关龙坐天汉星庚，气从右耳须细寻。微加天钺坤辅龙行，水朝局锁人财盛。

申龙穴庚向甲。

申山局向瑶光宫癸，左耳乘气力为重。元戈微加穴居左，龙蹲虎踞家资荣。

申龙穴丁向癸。

赤蛇评穴巳

赤蛇头向天门北，直来直向神功烈。巽丙受穴最为良，富贵荣华人英杰。

巳龙巳穴，直来直受。向亥，或向乾，或向壬，作巽丙穴。

天厨评穴丑

金牛走向太微垣丙，气奔左耳龙脉全。阳枢艮微加穴粘右，水朝局锁多田园。

丑龙壬穴。

天厨龙向南极星丁，左气冲耳资财兴。穴挨西兽加阳枢，富贵人钦左道灵。

丑龙癸穴，多生左道，术多灵验，虽大富大贵，身精异艺。

天官评穴乙

天官坤向穴天市艮，气奔左腧乃为利。亢金辰微加穴粘右，亦主富贵人招赘。

乙主螟蛉继赘。

评穴总诀

气从耳入官易期，气从腰腧官应迟。耳腰乘气有多寡，乘气慎勿差毫厘。

从耳受气，出煞易，乘气快；腰受，出煞难，乘气缓。盖山头横来，易犯阴阳差错，腰腧受得真气，恐耳边杂入伪气，是真气未到，伪气先入，故曰“官应迟”也。此中慎勿差毫厘。赖仙谆谆示人，甚言乘气为急所先务也。

《催宫》取气之法，以净阴净阳纳甲为主。净阴净阳，其原本于洛书，奇数为阳，耦数为阴，《易》曰“阳卦奇，阴卦耦”是也。以先天河图之卦气，主后天洛书之方位。先天之乾南坤北离东坎西，原居洛书一坎三震七兑九离之宫。此以先天之乾坤坎离，从后天方位一三七九之奇数为阳；以先天之震巽艮兑，从后天方位二四六八耦数为阴。又以元天卦气，从洛书奇耦所分之阴阳，而仍归于后天四象五行方位，八卦之宫。此先后互变，以先理数在后天方位分阴分阳也。再以地支从八卦中之四象调合，而分阴阳。如离本先天之阳也，后天位居正午，为正南火位，隔火相生。三方调合者，寅戌也，故寅戌二支亦从离卦而为阳也。坎亦先天之阳也，后天位居正子，为正北水神，隔八相生。三方调合者，申辰也，故申辰二支亦从坎而为阳也。震木，先天之阴也，后天位居正卯，为正东本神，隔八相生。三方调合者，亥未也，故亥未二支亦从卯而为阴也。兑为先天之阴也，后天位居正酉，为正西金神，隔八相生。三方调合者，巳丑也，故巳丑二支亦从酉而为阴也。此以地支从五行四象三合之卦，而分阴分阳也。

八干纳甲，其原定于太阴，故每月合朔后哉生明。自初三至初七日入戌时，人向南方，将罗经竖起，仰观于天，月明一分，一阳下，二阴上，象震卦戌时在庚方，故震纳庚。每月上弦，自初八至十一日入戌时，仰观于天，月明二分，二阳下，一阴上，象兑卦戌时在丁方，故兑纳丁。每月将望，自十三至十七日入戌时，仰观于天，月光尽明，三阳俱足，象乾卦在甲方，故乾纳甲。每月望后哉生魄，自十八至二十二卯时出日，仰观于天，月暗一分，一阴下，二阳上，象巽卦卯时在辛方，故巽纳辛。每月下弦，自二十三至二十七日出卯时，仰观于天，月暗二分，二阴下，一阳上，象辰卦卯时在丙方，故艮纳丙。每月将晦，自二十八至次月初二日出在外，人仰观天，月光尽晦，三阴全備，象坤卦在乙方，故坤纳乙。离为太阳至尊之卦，施光于月，以运变六卦，中爻属阴，故卜易纳巳。罗经无巳土位后天居南乾位，遂以乾所纳之外卦天干壬水纳于离坎，为太阴，为月，本体中爻属阳，故卜易纳戊。罗经无戊土位后天居正北坤位，遂以坤所纳之外卦天干癸水纳于坎，此天干之阴阳又从卦气纳甲而分者也。一用法在入首之一节二节脉脊上格之，二十四位系何一位，或阳，或阴，或先天媾合，或后天雌雄，宜单受，宜双行，或纯，或杂，推其星位之吉凶贵贱，以明四取为穴后用卦气收山出煞之一端也。

自卦理言，乾坎震艮，阳也；坤离巽兑，阴也。自卦数言，乾坤坎离，奇也；震巽艮兑，耦也。是故乾兑出自老阳，坤艮成于老阴，离震变自少阴，坎巽化自少阳。真阴真阳，有对待相配之妙。其雌雄交媾，即寓于先天八卦老少阴阳三卦双双起之中也。盖北来之山，先天是坤；南来之水，先天是乾；西来之山，先天是坎；东来之水，先天是离。如此山水相见，方为得配，方是先天八卦纵横妙用。催官非遗此理，特欲精究其数，当于暇日详味。纳干纳支之义，坎离震兑统摄十二地支，干纳壬癸庚丁；而乾坤艮巽止纳干内甲乙丙辛，而十二地支将不能分应乎。不知乾坤之左右为戌亥未申，巽艮之左右为辰巳丑寅。一，乾也，而戌亥隶焉。戌之三方调合寅午，亥之三方调合卯未，乾之三方调合甲丁。甲丁之对宫为庚癸，戌亥之对宫为辰巳，是甲戌、甲寅、甲午、丁亥、丁卯、丁未、庚戌、癸亥、甲子、癸丑俱为乾宫，为福为祸之年命，与见吉见凶之岁月日时也。余宫仿推。

二卷终

催官篇卷之三

评砂章

催官之砂惟四方，云霄屹立官爵强。四维峰低叠叠起，千仓万箱耀州里。奇峰列秀有三角，黄金白玉尚奢侈。若还有路破峰峦，官事相连败田地。四神乌石生点验，家业终须见萧索。

以上统论四维砂。曰言四维乾坤艮巽之砂，高大精俊，屹立云霄。砂高大，则官亦高大。若四维低小峰峦，叠叠起起，则千仓万箱，富耀州里；不能为官，纵为官，亦低小。奇峰三角，黄金白玉是鈌乾角或巽角。艮主贝贷，故称白玉；坤为地母，称黄金。若不鈌巽角乾角。又当从巽乾断验。路破峰峦，乌力点驳，不论何砂俱忌。○或曰三角谓艮坤乾也。巽为地户，宜开；艮有成始成终之义；乾为天门，坤为地正，俱不可缺陷也。

一玑统天秀入云，龙头独步黄金门。若见低圆正而丽，定主科甲在前列。乱峰低小富豪翁，（世登要路夸玑峰。）阳璇双峙美无度，巽峰双峙玑入云霄生宰辅。龙真局备造化工，定登台省位三公。

赖公言砂，总分三等，其评断亦分三等。如此段评乾甲砂，首言统天入云是第一等高者，次言低圆正丽是中等高者，次言乱峰低小是为下矣。曰龙头独步，曰科第前列，曰世登要路，曰生宰辅、登台省、位三公，则以乾为天，为八卦之首，甲为天干之首，乾甲之气总不作第二人也。以乾甲拨贵，则科第前列，仕登要路；以乾甲拨富，则盖乡素封；以乾甲拨贱，则强盗头目；以乾甲拨贫，则囊无一铢。全在“秀入云”“圆正丽”六字看得透，则拨得动，而应验昭明，不爽毛发。若乱峰低小，则具乾甲之气而乏乾甲之体，虽为官亦不入，为富亦不厚。必合形体与理气之总员，串言之真要，则取必坎“龙真局备造化工”也。

独有璇峰巽辛巍然起，经略之士端可拟。参军司务小峰峦，低员方平富而已。一峰秀出一登科，双峰兄弟同科举。远峰列笋天涯外，文与韩柳争齐名。外朝砂水外孙贵，半子廊庙为官清。更主如花女人貌，夫人子孙承恩荣。阳璇巽低伏阴乘辛耸，亦主亚榜称明经。

以上评巽辛砂。曰巽辛司文章。巽为长女三男，女貌美，曰龙真局备，得巽水。峰峦巍然特起，出经略之士。若是小峰峦，不过参军司务。或低员方平，则不能催官，只是富而已。然果合“员平方”三字，多主美貌妻室、贞洁好女，而且富而好礼。又或一峰秀出，主一人登科；双峰秀出，兄弟同科。峰如列笋天涯，则文章与韩欧齐名。“外朝砂水外孙贵”，是天机安在外者，女嫁豪门，或女作宫女。若天机安在内，则男尚宫主，文章盖世，是在善用之而已。

元戈坤梃拔旗旌样，定出将军女为将。一峰端拱正如圭，三甲之中应及第。如旗斜欹不端严，巡警小官亦英锐。乱山低小都衔职，山名地母（水）亏失。如或缺陷水来去，定以龙穴为去取。龙神带得四金行，必主寡妇并僧尼。

以上评坤砂。曰坤为元戈，为老阴。有砂如旌旗，主出将军。遇乙离二龙来，有坤砂如旗，主女信将军。以坤纳乙为老母，离中女，配先天之坤，为天地定位，故主女将。遇乾癸二龙来，坤砂如旗，主男为将军。以乾配坤为老父，癸在先天坤位，三于坎为中男，故主男将。一峰端拱，三甲及第。《玉尺》云："坤母峰高，幸显名于榜尾。"此云三甲及第，盖以地道无成而代有终也。然《易》曰："至哉坤元！万物资生。"坤亦以元称，岂定作榜尾人乎？故端拱如圭，亦有及第作元之应。但或以老年发达，以合有终之义，未可知也。如或峰不端严，及乱山低小，则出巡警都衙小职。然凡地此方总不宜缺陷，以坤厚能载物也。若此方缺陷，亦以龙穴明其去取，或坎龙，或乾宸离龙，此方为破禄文廉，凶；或辛丁穴，此方为克煞，凶。明得辛丁穴向坎离乾震来龙，则坤方之宜起宜陷，其去取可知矣。然坤缺陷，或低，或平，或曲，或路，或水，或风，俱宜明其去取，其祸福立应。"去取"二字，是龙穴砂水总诀也。龙带四凶，言龙带未也，主出寡妇僧尼。

阳枢艮如笔列三台，三台齐秀催官巍。与国为姻食天录，一峰独秀黄甲魁。若然小峰积金帛，被石点破催官颓。阳枢低伏阴枢丙显，亦主食禄无疑猜。四神八将应位起，龙真穴的齐卢崔。

以上评艮丙砂。乾艮为天市，为少男，砂如笔列，三台齐秀或一峰独秀，俱主黄甲魁首。与国为姻，若止小峰，但积金帛而已。凡好砂被石点破，则不润泽，决不发福。凡地龙真穴的，四神八将位应吉方，俱主食天禄，何但艮丙与。

太阳正火当日马，丁丙柳张更无价。

午为太阳，星日马主之，又得柳土獐、张月鹿齐起，真是无价之地。

赤蛇巳绕印如圆平，腰印斗大才纵横。

《天玉外传》：巳为赤蛇，有印员平圭贵。此云绕印，必得水缠绕，主大才纵横。然巳为地户，不宜闭塞，又为长生之地。阴龙此方有砂闭塞，主女人不生育；阳龙此方有圆墩，主堕胎。或吉或凶，是在善为消详。

印笏居西最为贵，枢艮阳南极丁生公卿。

印笏居中名金笏，金印遇艮丙丁，砂朝水涌，生公卿所必然也。

印居寅甲出师巫，里巷时听樗蒲声。

印居寅甲，历观古来名墓，有出师巫者，亦有腰悬金印者，总看用法何如。天机妙诀，从来秘密，金亦不敢指破。但若寅甲言，则如《玉尺》所云："少年蜚声科第，必是水来寅甲。"此用寅也。用甲则寓疯魔之疾，出师巫。樗蒲者，用二龙出贼和尚，更可笑也。

阳光子癸丑主隳胎，离印中子全家灾。

子癸丑有员堆，主隳胎，又主寡母改嫁。离方员墩，主目盲。盖午为目，为主中女，又主离乡。

鱼袋居西官易期，坎癸四墓为横尸。

鱼袋砂似横尸居西，则为金鱼袋。在子癸丑未辰戌，为横尸。

兜鍪剑击庚兑出，将军威武收边夷。

卯庚酉，主武。兜鍪剑擊，以类应。

东南更点齐云霄巽，阴阳合翕如同僚。更有阳关酉山拱照，官高必定近君王。

巽居东南维，上高出云霄，而阴阳合翕，更得酉砂拱照，主为官近帝，以酉为太阳砂、太阴水也。

阳关酉山陷因阵亡，阳衡压冢初年滞。

卯庚亥方砂水全，出大将。必要酉方应位而起，倘此方不起而低陷，主阵亡。卯为日出之所，山高掩蔽阳光，功名蹭蹬，然亦在乾巽坤未地应之。若辛丁山向，则主卯年登科，阳衡山高更吉。

火星宜起应天宿，仍观造化阴阳宜。离星高起乾壬注，泄制火星英贤生。

承上言卯酉二山。以房日、心月应之，此火星宜高起。应天宿，仍要观穴上满局造化、阴阳宜忌而用之。如午当星日马宿，若砂高水秀，恐会寅戌，则火炎立至。必得乾壬方砂明水注，以泄制火星，不但免火灾，且能生英贤。此古仙制化之妙用功夫影响与！景鸾扞徽州城，开丁字塘以制巽砂，功用相符。盖巽畏鸡，丁亦煞党，故能制巽。此言乾壬泄制午火，非乾壬能制午也，以乾壬隔一亥字，离畏猪也。亥方起，则主杀戮凶惨，故避亥之正位，而从亥左右两旁，或筑砂，或起楼，或凿池，或引水，则乾合午而会先天贪狼之吉，午纳壬而翕阴阳比和之美。制火星，产英贤，而得大利矣。此等作法，从来未经指破，真有回天改命神功。火星图见后。

枢艮巩乾阳璇巽山若陷，官不食禄名虚称。

八火局忌四维砂低陷，主为官无禄。若四土局，尤忌四维高起，主亡身丧家。是不一格，勿得拘泥。

龙局穴势无亏失，吉星到位官可必。吉星或见有高低，便以高下为消息。山形虽美位凶方，亦恐岁久非忠赤。

堪舆首重龙穴局势，若件件合法，都无亏失，更得吉星列位，则官可必矣。然吉星之中有高、低、中三等分别。高砂福厚，低砂福薄，中砂易发福，力亦中乎，诀在高下处讨消息。有一等山形极美极丽，无奈位在凶方，亦分三等以验受祸大小。“岁久非忠赤”，言初年局势堂气管事或吉，至年久，砂力主事，其祸立见。此六句统评二十四山。

画笔尖欹列寅申，贼旗斜侧位魁戌罡辰。魁罡高耸压冢亡，出贼乞丐治街坊。

寅申非画笔，尖欹是画笔；尖欹非画笔，位在凶方是画笔。贼旗亦然。魁罡不出乞丐，压冢宅出乞丐；压冢宅不出乞丐，位在凶方出乞丐。故寅申是生气，文笔、魁罡是珠贝𡆧藏。若善为消纳于戌照冢，主巨富。寅申拱宅，主大贵，但以欹斜高压，略减福力耳。

四金砂陷风一入，翻棺覆椁人遭殃。

辰戌丑未有堋风入穴，主翻棺覆椁。若见丑未风入，立阴向。或八艮、二黑管运之年，见辰戌风来，立阳向。或四巽、六乾管运之年，则不忌水路小何。

牙刀四金辰戌丑未屠刽儿，判笔庚兑辛为奇。

牙刀位在四金，出屠户、刽子。判笔位在庚酉辛，主判断人案。然《雪心赋》云：“牙刀变作贼刀，文笔变成画笔。”亦看用注何如。

天乙辛太乙巽文笔起，曜气火角交腾状元位。

《玉尺经》：天太两峰不起，须知无贵扶持。盖天以太乙为催官荐元，此两砂尖峰秀起，又得曜气砂左右交腾，少年科第，金马玉堂，翰苑驰誉。

得位失位分去取，总把龙神变规矩。

砂之吉凶，总在得位失位，并龙气穴局辨之。

火星不起日月明，亦主其家生贵子。日月不起太阳高，太阴得水富还豪。

离坎为先天日月，卯酉为后天日月，卦纳干支寓焉。火星不起，得日月二砂明，亦主生贵子。日月二砂不起，而木龙之太阳砂高大，阴星得水，则富还豪矣。少星并太阳、太阴有图列后。

火星不起官不显，不握重权或闲散。

火星与日同舍，日君象，火星现，主为官近帝。其□□□□同例，而有顺逆之分，亦在龙上辨之。火星中星同绘一图列后。

评龙审局辨砂水，此是杨曾彻骨语。世降风移民不淳，大地相逢莫轻许。

看地之法，详龙、审穴、辨砂、辨水四者之外，更无余事。《催官》四篇，总是杨曾彻骨语，言公自信为杨曾后闻知一人。但世降风移，民不积德。逢大地，戒莫轻许，恐于造物之谴也。

太阳高太阴得水图

中一层先天罗经十二位管龙

次一层太阳高管砂

次一层太阴得水

丙有两太阴，一与月合朔，一与太阳对望，故重注两字。

太阳太阴图

赖公曰：日月不起，太阳高，太阴得水，富还豪。此即日月合朔、月与太阳对望之义也。《性理》云：日，每日不及天一度；月，每日不及天十二度。故月三十日而与日会，日三百六十日而与天会也。是故寅龙入首，正月也，时太阳在子。历三十日，寅月合朔于亥，故寅龙见子峰，为太阳高；见亥水，为太阴得水。但寅月太阳在子，则太阴对望当在午，故图丙以合朔之太阴与对望之太阴并录。盖日为火之精，最喜砂拱；月为水之精，最喜水朝。然辰龙戌砂水朝，戌龙辰砂水朝，此两山砂水并朝固妙，或无太阳砂而得太阴水朝，其力更快更速。若丑未两龙太阳山即在本山，太阴水即在对宫，时师都以四金为贱，而岂知辰戌丑未造化之妙，又较他龙为更美哉？公云“相逢大地莫轻许”，盖秘之也。

中星火星图

中一层罗经

次一层中星

次一层火星

其法从未位起角，中星未位顺转坤申，火星未位逆转丁午。

中星图

火星图

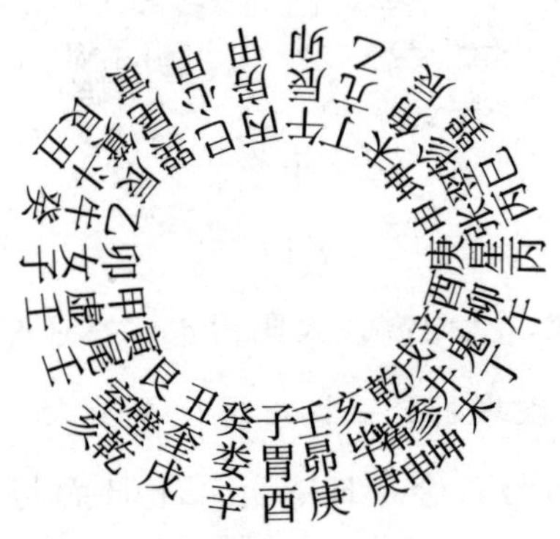

捷法 中星从未位起辰巽巳，逆转未丁午；火星从未位起辰巽巳，顺转未坤申。遇四维乾坤艮巽，位上双排两字；遇甲丙庚三字上重数两星日。今甲隶心月房日，丙隶星日张月，庚隶昂日毕月，壬隶虚日危月，四禾在库地而水火金易位也。如甲龙中星在毕庚，火星在虚壬。申龙见庚砂，谓中星见；有壬砂，谓火星起。无砂有水亦妙，俱主为官近帝。此二星旧例不验矣。因正之。

《尧典》：“平秩东作，日中，星鸟。平秩南讹，日永，星火。平秩西成，宵中，星虚。乎在朔方，日短，星昂。”《诗》云：“定之方中。”《诗》《书》所载，尚矣！盖日为阳精，当中司令而火星应。天宿是恩星，在帝座，值端门，有荐擢之美，所以《催官》云“火星不起官不显，不握重权或闲散”，是中火二星亦为要诀也。但天□舒而疾，渐差而西；日月五星速而迟，渐差而东。尧时冬至日躔虚，今时冬至日躔箕。岁差之法，考之数千年后，宜乎不相及也。此图当依岁差之法为转移，然尧时奎娄胃昴毕觜参为冬季中星，而今已数千余年。考之星度，则以女虚危室壁奎娄为冬季中星，七星之中仅差五星，则此图尚有数百年可用也。然此系昏中也。夜中、旦中可挨度转盘阅之，如昏中胃，则夜半是柳，旦中是氐之类。

新安陈耕山云：目今天正冬至日，躔箕在子之正中，则天皇应在西未辛。初太微在卯之正中，天市在子癸之间，南极在巳丙之地，天辅立辛戌，少微入未坤，紫司命乃在丑艮地矣。今人不知天有差移，仍执虚危之针路为定，故天皇等星分占宫位已错，则龙之贵贱何能准耶？用此天皇，必须移易宫位，方有准验。

三卷终

催官篇卷之四

评水章

催官之水惟三阳，水潮砂秀官爵强。

巽丙丁为三阳水，有水朝，又有秀砂得位，主官爵强。

阳璇巽水朝文笔起，少年科甲夸文章。

璇水来，璇峰秀，主少年科甲。

若见双峰列云汉，兄弟联名亲御翰。

解详评砂章。

有砂无水亦尊荣，砂水并朝更为冠。

地法以砂为重，水次之，言有砂无水亦可。催官若得砂水并朝，当是第一美局。

男为驸马女为妃，中男继子夸门楣。

解见前篇。

三阳无砂水不贵，只主姻亲发财利。

凡地无砂，总不能发贵。此言姻亲发财利。

由巽为长女，故也。

穴乘兑亥阳璇朝，玉堂金马多名誉。

穴乘兑亥气，立卯向也，自有玉堂金马之誉。但已为巽克制，不及卯向之美。

艮龙璇水为福轻，最喜庚辛丙丁注。

艮为少男，不宜见巽美貌之女，《易》山风之所以名蛊也。故虽有成就，为福亦轻。若艮龙得庚辛丙丁水注，则发福大。

阴枢丙南极丁水洋洋，四神八将砂苍苍。射策金门期第一，定主微垣作弼良。

丙丁朝堂，又得四神八将砂拱局。想郭令公二十四考中书，文彦博九十奉朝请，当同此局。

二宫有水名赦文丙丁，永无凶祸到家庭。蚕姑缫丝白如雪，老莱戏彩娱晨昏。

赦文水朝家，无凶祸。

三阳水朝归鬼乡，义门寿考同休光。

鬼乡，《天玉外传》谓卯庚二位。言巽丙丁三阳水东去喜在卯，西去喜出庚也。

右段评巽丙丁三阳水。

阴璇辛水朝进金宝，亦有如花女人好。

辛纳于巽，亦主如花女人。

穴乘太乙巽东南龙，水朝砂秀登科早。

巽龙辛水朝、辛砂起，主催官，少年登科。

若还水自太微朝丙，亦主出人长寿考。

《天玉外传》：南极老人星，春分见丙，秋分见丁，丙纳于艮，丁纳于兑，故兑丁艮丙四位皆为专考砂水。

但嫌砂碎似鹅颈，风流女人多颠倒。

凡砂皆忌似鹅颈，主人风流，在巽辛卯酉子午方更验。

右段评辛丙水。

兑水切忌阳璇巽龙，必主徒流汲荒草。

巽畏鸡也，而酉亦畏巽。凡煞水煞砂见，俱主徒流斩绞；收用得法，反主权力。不可一概而论。

右二句评酉水。

天汉庚天命水朝坟卯，敌国富豪真无伦。无砂有水惟富旺。

震庚有峰入云表，英雄将相麾三军。有砂无水亦登科。

天汉庚天关申水同入，难免刑戮遭紾纭。

庚申并流，难免刑戮。

阳衡卯**水朝主骤富，龙轻砂碎遭淫奔。**

《玉尺》：卯酉本犯邪淫，而悠扬清澈，女反贤贞。此处坏在“轻碎”二字。

切忌剥龙入坤度，定遭刑戮罹灾迍。

度字是诀，吾见卯龙坤度，未砂起，未水见，而遭人祸天刑者，穴穴然也。

右段评卯庚水。

阳枢艮**有水入明堂，粟陈贯朽珠夜光。**

《天玉外传》：艮为银宝之地。

右二句评艮水。

天屏巳**天皇**亥**水来去，财禄人丁家优裕。天屏水忌少微**酉**龙，离龙亥水刑相同。**

兑畏巳，午畏猪，与坤未巽鸡乾马理同，俱主刑戮。

右段评巳亥水。

鬼牛来去空为吉未丑**，念经寡妇常主凶。鬼流来去龙入震，霹雳白书惊西东。来主家富去败绝，人家定少期颐翁。**

丑未以牛鬼气主左道。此言卯龙未水。然凡地此方总不宜缺陷，以坤厚能载物也。若此方缺陷，亦以龙穴明其去取。或坎龙，或乾震离龙，此方为破、禄、文、廉凶；或辛丁穴，此方为克煞凶。明得辛丁穴向，坎离乾震来龙，则坤方之宜起宜陷，其去取可知矣。然坤缺陷，或低，或平，或曲，或路，或水，或风，俱宜明其去取，其祸福立应。“去取”二字，是龙穴砂水总诀也。龙带四金，言带未也，主出寡妇僧尼。

阳枢艮如笔列三台，三台齐秀催官速。与国为姻食天禄，一峰独秀黄甲魁。若然小峰积金帛，被石点破催官颓。阳枢低伏阴枢丙内，亦主食禄无疑猜。四神八将应位起，龙真穴的齐卢崔。

以上评艮丙水。丙艮为天市，为少男砂。砂之高大入青云，其为官亦高大。

有砂无水亦登科，有水无砂惟富旺。

凡地有砂，方可发贵，有水止能发富而已。水之力轻也。

阳权阴权互相向，砂水并朝总宜茔。

午壬互有砂起，其起砂方又有水并朝，总可茔地发福无疑。

右段评午壬水。

离龙坎水近君门，阳局易发亦易倾。

午龙坎水，格合水火不相射，善为乘受，福力亦绵远。

右二句评子水

亢娄流注句非吉地，少亡悖逆无忠贞。

戌辰水来，是冲开墓库，主富。且属太阳砂水，主贵。惟亢娄流注，若是凶地，主少亡悖逆；若是吉地，则富贵双全。因俗将七字作一句读，所以大地相逢不相识，皆由误读此句之过也。

右评辰戌水。

阳关懒缓亢水入，缺唇露齿含糊声。

西龙辰水，主缺露齿。

坎龙亢水忌来去，全家诛戮无余丁。

子艮辰，主杀戮。然为三合纯轻立向，轻移亦免刑戮。

四金辰戌丑未龙朝并坐向，痼疾横逆家伶仃。四金对射风入局，翻棺覆椁灾非轻。

辰戌丑未龙穴砂水，坳风对射，俱要精详，为福固重，其为祸亦不轻也。公盖示人宜慎用之耳。

右段评辰戌丑未水。

功曹寅传送申水来去，阳局砂水吉无虑。

寅申水阳局吉。

行龙转换到正东，切忌水流传送申宫。

卯向卯龙，忌水流申位。

离壬来去离乡邑，阴玑甲天棓寅主盲风。

午壬寅戌水去，主离乡别井。寅甲主盲疯。

右段评寅甲水。

天官乙来去招继赘，坎癸病肿忧冲冲。双生子女家渐退，缢亡落水灾危重。

乙水不合局，主螟蛉招赘。子癸水主病肿、缢亡、落水，又主双生或六指。

右段评乙水、子癸水。

水流北极乾肃杀位，襟怀鄙琐无宽洪。

乾老阳，退处西北，故襟怀鄙琐。

坎龙离水入酉兑，淫奔必主期桑中。

子午卯酉，四败之地，俱属桃花水。

乾亥传朝因瘵夭，戌乾暗哑并盲聋。

乾亥水不可双行。如双行，主咳嗽、吐红、瘵夭之疸不能消详。戌乾破局，主暗哑盲聋，尚可转移。

阳玑乾来去跛能履，鳏寡继聋人无踪。

乾水来，主跛而不能履；去，主能履而跛所不免。乾以老亢无生意，故有鳏寡继赘之应。

右段评乾水。

坎离阳朝破阴局，咸池水映桃花红。

子午破阴局，为沐浴败地，主淫奔。

巽巳水朝破阳局，那堪太乙起堆峰。香闺有女颜如玉，隳胎点污春风容。

巽巳水破阳局，主室女怀胎。

阳权阴枢午丙水并入，寅午戌岁炎天红。葬法若注兑亥气，回禄制伏应潜踪。

丙午水同流，主寅午戌年火灾。葬法内注得兑亥气，火灾可免。

阴光癸牛金丑入冢宅，随母改嫁忘姻宗。

癸丑水混流，主随母改宗。

黄泉曜气最凶恶，阴阳混杂家零落。少以毒药因女祸，兄弟屠戮多相攻。龙行关节带微洧，受穴朝流亦差错。

黄泉八曜水，最忌阴阳混杂。阳局遇阳曜，阴局遇阴曜，谓之杂轻；阳局遇阴曜，阴局遇阳曜，谓之杂重。龙行、穴气、朝山、向水四者，俱大忌之。

八曜煞，即卦内官鬼爻也。歌曰：坎龙坤兔震山猴，巽鸡乾马兑蛇头。艮虎离猪为煞曜，宅墓逢之一齐休。

黄泉，即龙家向水之冠带方也。行龙黄泉可转移，立向黄泉不可转移，此古人所以有杀人黄泉、救人黄泉之别。如："庚丁坤上是黄泉，乙丙须妨巽水先。甲癸向中忧见艮，辛壬路土怕当乾。"此杀人黄泉也，龙家管之。"辛入乾宫百万生，癸归艮位焕文章。乙向巽流清富贵，丁坤终是万斯箱。"此救人黄泉也，立向管之。世人不获真传，即一黄泉不能辨别，何论远者大者乎？蒋大鸿曰：不怕黄泉八曜。张九仪曰：黄泉无此说，八煞的是真。张意在净阴净阳，黄泉在阳方立阳向，在阴方立阴向，为祸轻；祸既轻，则指为无此说可也。蒋意在元运生旺，黄泉在旺气方来，反主发福；旺气从八曜至，亦主发福。然元运一过，吾见黄泉八曜为祟于冢宅，一毫不爽也。平情论之，赖之法可久，蒋之说宜暂。今将杨赖黄泉立法埋例尽述于左。

其法先以水口为定，即《玉尺》左旋右旋、阳顺阴逆，入山寻水口诀也。

如见水口在戌，则左旋之龙，必自巳丙午丁未坤顺行，俱属丙火，生寅旺午库戌；右旋之龙，必自巽辰乙卯甲寅逆行，俱作乙木，生午旺寅库戌。此乙丙交而趋戌局也。局内见辰巽水为犯黄泉，辰巽即乙丙冠带方，为乙丙龙成脉成气之所，故忌见此水。

如见水口在辰，则左旋之龙，必自亥壬子癸丑艮顺行，俱作壬水，生申旺子库辰；右旋龙，必自乾戌辛酉庚申逆行，俱属辛金，生子旺申库辰。此辛壬聚而会辰局也。局内有戌乾水为犯黄泉，“辛壬路上怕当乾”也。戌乾即辛壬冠带方，为辛壬龙出脉分气之所，故忌之。

如见水口在丑，则左旋龙，必自申庚酉辛戌乾顺行，俱属庚金，生巳旺酉库丑；右旋龙，必自坤未丁午丙巳逆行，俱属丁火，生酉旺巳库丑。此丑牛纳庚丁之气也。局内见坤未水为犯黄泉，坤未即庚丁冠带位，为庚丁出脉分气之神，故忌之。

如见水口在未，则左旋龙，必自寅甲卯乙辰巽顺行，俱属甲木，生亥旺卯库未；右旋龙，必自艮丑癸子壬亥逆行，俱属癸水，生卯旺亥库未。此金羊收癸甲之灵也。局内见丑艮水为犯黄泉，丑艮即甲癸冠带位，为癸甲出脉分气之神，故忌之。

上四段皆详录龙神之生旺墓。黄泉为山河大地一定之局，然戌口何处无辰水来？丑口何处无未水来？将见辰水未水之处即指为黄泉，又将向何地觅无黄泉之局耶？凡此，皆由庸师不得向上五行真传，误以龙家之山，亥卯未、乾甲丁、申子辰、坤壬乙、巳酉丑、巽庚癸、寅午戌、艮丙辛之左旋，甲丙庚壬右旋，乙丁辛癸用之，向上了无证验，而不知向上之五行自不同龙家，此“山上龙神不下水”也。夫龙家之五行为体，向上五行为用。不识龙家五行，则不知龙神之元关窍；不识向上五行，则不能为所作之局通元达关合窍，其贻误岂浅？鲜哉！元关窍谓何？即龙神之出脉分气合口生旺墓也。龙神元窍，宇内处处皆备，由天地之自然向上，元窍稍差即失，听人提转，即宝珠火坑。入用元机，歷来仙师皆隐秘其法，后学莫测宗旨，予悯然于心，特详录于左。

壬子北方水从壬　　丑为水库从壬

甲卯东方木从甲　　辰为木库从甲

丙午南方火从丙　　未为火库从丙

庚酉西方金从庚　　戌为金库从庚

此十二向水，起长生，俱顺行自子转丑，宅墓之水宜左倒右，合生旺来墓库去，不犯流破冠带、流破长生。若右水倒左立此十二向，墓绝来，生旺冠官去，为犯黄泉。壬子甲卯丙午庚酉属仲，仲房凶败；辰戌丑未属季，季房凶败。百不失一。

艮寅东维从乙　　乙木生丁火从丁

巽巳南维从丁　　丁火克辛金从辛

坤申西维从辛　　辛金生癸水从癸

乾亥北维从癸　　癸水生乙木从乙

此十二句向水，起长生，俱逆行自午转巳，宅墓之水宜右倒左，合生旺来、墓绝去，不犯流破冠带、流破长生。若左水倒右立此十二向，墓绝来，生旺冠官去，为犯黄泉。艮寅乾亥坤申巽巳属长，长房凶败；乙辛丁癸属季，季房凶败。冢宅俱验。然总以眼见之水为凶，其不见者稍迟。其诀在重兼加。如艮局系左水倒右反局，若兼寅，则从乙木，生午旺寅库戌，右边生旺之水反去，左边墓绝之水反来，定主长男败绝。若见戌来卯辰去，则二、三两房亦灾。惟用艮兼丑，则丑从壬水，生申旺子库辰，则左边戌亥之水反作官禄来，右边卯辰之水反作死墓去，是长、二、三俱大利矣。他向放推。

此法目讲师传之司马头陀，头陀传之冷谦，而近世魏青江、蒋平阶、邓遂识辈竞为秘宝矣。其说以丑为水库，辰为木库，未为火库，戌为金库，由四季排之，亦极自然。盖三合之局尚属勉强，而寅卯木令之后库于辰，巳午火令之后库于未，申酉金令之后库于戌，亥子水令之后库于丑，乃每年四时之运行，确不可易者。世人立向，误用龙上三合，所以多不准验。

附录 《玉尺》水上凶例

未离胎而夭折，多因流破胎神。

水流胎位去也。

才出世而身亡，盖为击伤生气。

水流生位去也。

冠带失髫龄之男。

水流冠带位去。

临官丧成财之子。

水流临官位去。

破军侵帝旺之乡，身无一命之寄。

水自墓位流来，从旺方去也。

天罡犯贪狼之位，难招半子之荣。

水自墓绝来，从生方去也。

旺去冲生，纵富贵徒然。

旺来生去。

生来破旺，虽有子奚为。

生来旺去。

四败伤生，虽有子而母明父暗。

沐浴方来，生方去。

旺神投沐，恐居官而淫乱可羞。

旺方来，沐浴方去。

流通四库，妇女撑家。

四库水朝为巨门。

少亡横死，为犯黄泉。

墓方来，冠带方去。

赦文若带桃花，难乘清白之风。

赦文水带子午卯酉。

六秀如遇曜气，必出强梁之辈。

艮寅　巽巳　壬亥　辛酉　如乙水同行来

寅申巳亥水朝，非瘟火则产难虚痨。

四生破局。

戌乾辰兑来临，非疯疾则目盲暗哑。

戌乾辰破阴局，兑水破阳局。

戌乾为鼓盆之煞，
坤流为寡宿之地。
乾老阳、坤老阴破局。

寅甲水来，那堪疯疾缠身。
解见上（必是四生破局）。

亢娄双归，应见持刀刎颈。
辰以亢金，戌以娄金。

乙辰交加水路，未免悬河之厄。
乙辰破阴局。

八曜重遇刀砧，难逃宪法之诛。
八曜水来，又有刀砧砂出，或同在刀砧方位。

以上二十二局，俱关祸福，总以眼之所见为主。

龙真局备砂水环，攀龙附凤良非难。
“龙真局备砂水环”，七字道尽看地大法。

洋潮六秀砂水助，博龙合矩方为官。
凡地得砂水助，即要龙气合矩，方为有用。

正向特朝固为美，旁朝合吉梯云端。
砂水从对面特来为正朝，从左右来为旁朝，要合吉位。

抱城远穴固为吉，直流合矩朝天关。

曲流远抱固吉，直流合矩亦吉。

真龙迢迢穴奇巧，到头伪气非纯完。

龙真穴奇巧可下，气不纯完不可下。

反如翻弓直如箭，流非吉位家贫寒。

反如翻弓直如箭，射流非吉位，俱主财散不聚。

穴高朝流要长远，富贵易至人安康。

穴高要水来长远，若低暗难用。

朝流高低穴为等，富贵骤至量非难。

穴与水等发福快。

催官秘诀止于此，慎勿浪与世人传。

终篇戒勿浪传，余此注岂敢浪泄天机，但亦就句解句，使人自会于语言之间究之，秘诀亦不出于文字外也。

《催官》品评龙穴砂水，最重净阴净阳与先天后天相见之理，纳甲八煞之义，于中评龙有催官之法，用砂有量山之秘，用水有步水之奥，受穴有收气之诀，此堪舆家千古不易，最上一乘之精诣也。此四诀处处漏露，人苟熟读深思，反复玩味，当自得之矣。

四卷终

催官篇注之四

催官篇注之四

李佳明　注

卷一　评龙章

评阴龙

催官第一天皇龙，博龙换入天市东。少微阳璇左关局，廉贞起祖峰崇崇。

【注解】

催官：催发官贵，泛指富贵。

第一：最好，首推。

天皇：亥也，在天为紫微帝星，位居北极之尊。

博龙：龙脉一弯一曲一起一伏剥落。

换入：转换进入。

天市：艮也，在天为玉皇帝星，位居东北之尊。

少微：酉方。

阳璇：巽方。

左关局：龙脉形势向左旋转行走，随龙水的水口在左边关锁为左关局。

廉贞：火形山，九星之一。

起祖：高起作为祖山。

峰崇崇：山峰高大雄伟。

催发富贵最好首推是亥龙，亥龙一弯一曲一起一伏剥落转换进入东面的艮方，然后转折到西边的酉方后又转到东南的巽方结穴，并且随龙水的水口在左边关锁为左关局，此局要山峰高大雄伟的火形山作祖山。

右关廉贞降枢兑，变换太乙东南雄。穴乘阳枢乘生气，或更受穴天皇宫。

【注解】

右关：龙脉形势向右旋转行走，随龙水的水口在右边关锁为右关局。

廉贞：火形山，九星之一。

降：从高到低落下来。

枢：艮方。

兑：酉方。

变换：龙脉变化转换。

太乙：巽方。

东南雄：在东南雄踞而立。

穴乘：穴位乘接。

阳枢：指艮。

乘生气：乘接到生气了。

或更：或者变更。

受穴：接受穴位。

天皇宫：亥宫。

右关局是廉贞祖山降脉行走到东北的艮方后又转到西面的酉方，并且随龙水的水口在右边关锁，然后龙脉变化转换到东南的巽方雄踞而立，穴位乘接艮脉结穴是乘接到生气了，或者穴位变更接受亥脉结穴也是乘接到生气了。

天皇太微为正向，阳枢穴癸为上龙。

【注解】

天皇：指亥龙。

太微：指（壬山）丙向。

正向：干龙结穴的正穴正向。

阳枢：指艮龙。

穴癸：穴位立向为癸山（丁向）。

上龙：最上等的龙。

亥龙立穴为（壬山）丙向是干龙结穴的正穴正向，艮龙立穴为癸山（丁向）是最上等的龙结穴。

四神八将应位起，三火并秀三阳衡。三阳洋朝入庚震，食邑开府应三公。更出仙翁与佛子，蓬莱真境超凡风。

【注解】

四神：指乾坤艮巽四个方位。

八将：指甲庚壬丙乙辛丁癸八个方位。

应位起：对应位置而有砂峰高起。

三火：指午丙丁三峰。

并秀：一起高起挺拔秀丽。

三阳：指巽丙丁三峰。

衡：基本一样高大。

洋朝：水潮来或流来。

入：流入，流去。

震：卯方。

食邑：古代帝皇对有功人员封赐给一定面积的土地为食邑，又叫封地、食禄，得食邑者对分封的土地和土地上的人口享有统治、管理、世袭的权力。

开府：开设府第，设置官史。汉代官制唯三公的官职方可开府治事。

应三公：对应三公的官职。

更出：甚至会产生。

仙翁：神仙。

佛子：成佛的人。

蓬莱真境：传说中神仙和佛子居住、美妙无比的地方。

超凡：超越平凡。

风：风景。

四神八将的方位对应的位置上有砂峰高起，丙午丁三峰一起高起挺拨秀丽或者巽丙丁三峰高起基本一样高大。巽丙丁三个方位的水潮来或流来再从庚方、卯方流去，主得帝皇封勋食邑开府对应三公的官职，甚至会产生神仙和成佛的人。此等龙局真是具有美妙无比的蓬莱真境一样超越一般平凡的风景。

阳枢起祖降兑巽，变艮作穴官应同。

【注解】

阳枢：艮。

阳枢起祖：艮龙起祖。

降：从高到低落下。

兑：西面的酉方。

巽：东南巽方。

变：转变。

艮：艮龙。

作穴：受穴，入穴。

官应同：催发官贵应该和上述的相同。

艮龙起祖后龙脉从高到低落下行走到西面的酉方后又行走到东南的巽方，最后龙脉转变为艮脉而受穴，其催发官贵的作用应该和上述的相同。

少微起祖降艮巽，亦主富贵永兴隆。

【注解】

少微：酉。

少微起祖：酉龙起祖。

降：从高到低落下。

酉龙起祖后龙脉从高到低行走到东北的艮方后又行走到东南的巽方而结穴，也主富贵兴隆并且久远。

六秀变出紫微局，砂水应位官无穷。

【注解】

六秀：指艮酉丙丁巽辛。

变出：转化变换。

紫微：亥。

紫微局：亥龙结穴的龙局。

砂水应位：指砂水各得其位。

官：代表富贵。

官无穷：催发富贵是无穷尽的。

艮、酉、丙、丁、巽、辛六秀龙转化变换亥龙结穴的龙局，砂水各得其位，那么催发富贵是无穷尽的。

六秀行度间庚震，三吉受穴文武崇。

【注解】

六秀：指艮酉丙丁巽辛。

行：行走。

度：穿田渡脉。

间：间隔。

三吉：指卯庚亥。

崇：尊重，推重。

文武崇：文武双全，并且被人尊重。

艮、酉、丙、丁、巽、辛六秀龙在行走和穿田渡脉的过程间隔有庚龙或卯龙，龙脉最后变换为卯庚亥三吉而结穴，主文武双全并且被人尊重。

亥山一丈可致富，巽水一勺可救贫。

【注解】

亥山：不是指亥山巳向，而是指亥脉受穴。

一丈：不是指实测一丈，而是形容很短。

可：方可，可以。

巽水：指巽水当面潮来或巽水从左右流来。

一勺：并非实测的一勺，而是形容水很小，只是从地盘巽字流来，不可兼巳犯八煞，不可兼辰犯文曲。

亥脉很短而受穴方可致富，巽水潮来很小，只是从地盘巽字流来，不可兼巳兼辰，方可救贫。

辛山十丈富相亲，难养过房异姓人。震庚砂水秀朝位，持节边缰统卒戎。

【注解】

辛山：不是指辛山乙向，而是指辛脉。

十丈：形容较长。

富相亲：富裕生活和你亲近了。

过房：过继的子女，指本人无子而将他人的子女过嗣为自己的后代。

异姓人：不同姓氏的人。

震：卯方。

秀：秀丽。

朝位：朝向穴位。

持节：古代使臣奉皇帝命令出行，必执符节以为凭证。

统率：统领士兵。

戎：防备敌人。

辛脉较长而受穴，主富裕生活和你亲近了，本人无子而过继的不同姓氏的子女也难养。卯方、庚方有秀丽的砂峰和水朝向穴位，主出手执符节而镇守边疆统领士兵防备敌人的武官。

少微转巽还少微，人才昌积官职卑。

【注解】

少微：指酉。

转：行走后转到。

巽：巽方。

还：回到原处，返回。

人才：人丁和钱财。

昌：兴盛。

积：积储，积蓄。

卑：卑微，低下。

酉龙行走后转到巽方又返回到酉脉而受穴，主人丁兴盛和钱财有积蓄，但官职低下卑微。

太乙少微复太乙，亦主文官持彩笔。

【注解】

太乙：指巽。

少微：指酉。

复：回去，回复。

彩笔：画家画图用的笔。

持：手拿着。

巽龙行走转到酉方又回复到巽脉而受穴，主出文官和手拿画笔的画师。

迢迢西兑入天皇，清贵翰苑夸文章。

【注解】

迢迢：形容来龙遥远。

西兑：西面的酉龙。

入：转入。

天皇：亥。

清贵：清廉高贵。

翰苑：翰林院的别称。

夸：夸奖。

文章：形容才学很好。

来龙遥远从西面的酉龙转入到北方的亥脉而受穴，主出在翰林院里清廉高贵被人夸奖才学很好的文官。

天皇行龙入天市，富贵兼美芝兰芳。

【注解】

天皇：亥。

入：进入，转入。

天市：艮。

芝兰芳：本意是灵芝和兰花发出芳香，比喻品德高尚美好。

亥龙行走转入艮脉受穴，主出富贵兼英俊美貌并且品德高尚美好的人。

天市天皇龙第一，巽辛兑丁官可必。最喜廉贞作祖宗，廉贞作祖为官疾。

【注解】

天市：艮。

天皇：亥。

兑：酉。

官：泛指富贵。

可必：可以预料其必然如此。

疾：快速。

艮龙和亥龙都是第一好龙，巽龙、辛龙、酉龙、丁龙催发富贵也是可以预料其必然如此的，最喜欢廉贞火形山作为祖宗山，廉贞火形山作为祖宗山其催发富贵是快速的。

阴枢南极及天汉，行龙受穴俱荣吉。

【注解】

阴枢：丙。

南极：丁。

天汉：庚。

受穴：结穴。

俱：都。

荣吉：荣耀吉祥。

丙龙、丁龙、庚龙都是催发富贵荣耀的龙，丙、丁、庚在行龙中互相转换或作为丙、丁、庚脉受穴都是荣耀吉祥的。

天屏巽丙同逶迤，只主悠悠发财食。

【注解】

天屏：巳。

同：互相。

逶迤：蜿蜒曲折拐来拐去，形容龙脉弯弯曲曲延续不绝的样子。

悠悠：指悠闲自在从容自然的样子。

食：本意饭也，形容食禄。

龙脉在蜿蜒曲折的行龙中在巳、巽、丙中互相转换，只是主悠闲自在地享受发财和食禄而没有官贵。

鬼牛二气灾害萌，拜礼神佛崇香灯。二煞独行岂为吉，宜于丁艮相兼行。相兼行度龙局吉，男女多痣家丰盈。

【注解】

鬼：指未，二十八宿的鬼金宿和未相应。

牛：指丑，十二生肖中丑即牛。

灾害：灾难祸害。

萌：开始产生、萌发。

拜：跪拜，表示非常敬意的礼节。

礼：合掌表示礼貌的态度和动作。

崇：推重，尊崇，迷信崇拜。

香灯：设于佛像前用香油燃点的灯。

二煞：指未丑。

独行：单独行龙。

宜：应该。

与：和。

相兼行：相兼而行龙。

相兼行度：指丁未、丑艮相兼。

丰盈：原指体态丰满，现形容家庭富足。

未丑二种龙气是灾难祸害产生的原因，主出跪拜尊敬神仙佛子和迷信崇拜僧尼道士的人，未丑二种煞气单独行龙受穴是不吉祥的，未丑应该和丁艮相兼而行龙受穴，丁未、丑艮相兼而行龙受穴的龙局才是吉祥的，主家不论男或女其身上多痣，其家庭富足。

评阳龙

阳权顿伏蜂腰起，阴权砂水来相迎。切忌罡星高照穴，鼓盆次第灾相仍。

【注解】

阳权：午。

顿伏：顿跌起伏。

蜂腰：像黄蜂的细腰。

起：高起星峰。

阴权：壬。

切忌：最忌。

罡星：指辰峰。

高照：高起照穴。

鼓盆：指戌峰。

次第：依一定顺序一个接一个。

相仍：连续不断。

午龙顿跌起伏成蜂腰后高起星峰结穴，最喜对面北方壬砂壬水来相迎，最忌辰峰高起来照穴，如果戌峰也高起照穴，那么灾难会一个接一个连续不断。

阴权坎癸贵清俊，冈势磊落如流星。阳权砂水秀朝穴，龙虎抱卫公侯生。

【注解】

阴权：壬。

坎：子。

清：与浊相对，在这里指没有混杂阴龙。

俊：俊伟。

冈：同岗，指山岗。

磊落：形容龙脉端正地落下。

阳权：午方。

秀：秀丽。

龙虎：指青龙砂和白虎砂。

抱卫：围抱护卫。

公侯：泛指官高位显的人。

壬、子、癸龙结穴可贵在于没有混杂阴龙并且来脉俊伟，来龙山岗的形势端正地落下像流星一样，又得午方砂水秀丽地朝向穴场，左边青龙砂和右边白虎砂围抱护卫，则可产生官高位显的人。

阳玄阴光砂水秀，阴阳砂拱官班荣。

【注解】

阳玄：坤龙。

阴光：癸方。

阴阳砂：指有高低、大小、方圆的砂重叠排列。

拱：拱卫围护。

官班：官职的等级位次。

荣：良好的社会名望。

坤龙结穴而癸方砂水秀丽，有高低、大小、方圆的砂重叠排列来拱卫围护则官职的等级具有良好社会名望。

阳光瑶光阴权位，行龙懒缓生泉泓。

【注解】

阳光：子龙。

瑶光：癸龙。

阴权：壬龙。

位：位置。

懒：形容没力气。

缓：平缓不急。

生：产生。

泉：泉水。

泓：有水的深潭。

子、癸、壬三龙的行龙形态好像没力气而平缓不急的样子，那么其结穴处会产生泉水或者有水的深潭。

阳光单行更高耸，孕生六指毋猜惊。

【注解】

阳光：子龙。

单行：单独行走。

更：再，又，并且。

高耸：高起耸立。

孕生：怀孕生育。

六指：六个手指的小孩。

毋：不要。

猜惊：猜测惊慌。

子龙单独行走并且高起耸立，怀孕生育六个手指的小孩不要猜测惊慌。

阳玄行龙兼鬼气，少亡孤寡并尼僧。

【注解】

阳玄：坤。

鬼气：未气。

少亡：少年亡。

孤寡：孤儿寡妇。

尼僧：出家修行的尼姑和僧人。

坤行龙兼带未气，主出少年亡孤儿寡妇，也出尼姑和僧人。

阳玑来龙最凶恶，绝嗣无主坟荆榛。

【注解】

阳玑：乾。

来龙：穴后接的龙脉或乘接的龙气称来龙。

绝嗣：无子传宗接代，绝丁。

无主：没有主人。

坟荆榛：坟头长满荆榛。

穴后接的龙脉或乘接的龙气单纯是乾最凶恶，主绝丁没有主人而坟头长满荆榛。

魁罡方位不堪坟，少亡恶逆尝争横。山奇水秀穴周密，暂可致富随伶仃。

【注解】

魁：指戌。

罡：指辰。

不堪：忍受不了，不能胜任。

少亡：少年死亡。

恶逆：欧打及谋杀祖父母、叔、伯等上辈的人，古代刑律十恶大罪之一。

尝：经历，经受。

争：互不相让而争夺。

横：凶暴不讲理。

山奇水秀：周围山峰奇异，水有情秀丽。

穴周密：左右围抱朝案周全，内堂紧固不泄气。

随：跟着。

伶仃：孤独无依的样子，形容零丁孤苦。

戌辰方位的来龙是不能胜任造坟的，主出少年亡、欧打及谋杀上辈和好争斗凶暴不讲理的人，即使山峰奇异、水有情、左右围抱、朝案周全、内局紧固，也是暂时可以发富但跟着人就会零丁孤苦。

阴玑天棓若受穴，疯跛痼疾人生盲。寅甲行龙穴奇巧，仅可一发人温饱。

【注解】

阴玑：甲。

天棓：寅。

若：如果。

疯：疯癫，疯狂。

跛：腿或脚有病，走路时身体不平衡，跛脚。

痼疾：指经久难治愈的病。

寅甲行龙：指寅、甲互相转换行龙。

奇巧：奇异精巧。

一发：发福一下。

甲兼寅龙如果受穴，主出疯癫、跛脚、痼疾和眼盲的人，寅、甲互相转换行龙的龙脉即使结穴奇异精巧，也仅仅可以发福一下而人得温饱而已。

阳龙懒缓不堪裁，形孤穴露生凶灾。行龙起伏如万马，阳局周完要奇雅。

【注解】

阳龙：指午、坤、申、乾、戌、壬、子、癸、甲、寅、乙、辰共十二龙。

懒缓：平缓无力。

不堪：不能胜任。

裁：裁剪取穴。

形孤：行龙的形态孤单无护龙。

穴露：穴位无龙虎案朝护穴则露。

生：产生。

起伏：一起一伏。

如：好像。

万马：跟随的众山多则其势如万马奔腾一样。

阳局：十二阳龙结穴的堂局。

周完：有青龙白虎案朝的局堂则周密完备。

奇：奇巧。

雅：文雅、高雅、美好的。

十二阳龙行龙平缓无力是不能胜任裁剪穴位的，十二阳龙行龙的形态孤单无护，穴位无龙虎案朝，会产生凶灾的。十二阳龙行龙要一起一伏而跟随众山多，其势如万马奔腾一样，十二阳龙结穴的堂局要周密完整并且奇巧美好。

世人尽爱龙逶迤，不明曲折兼醇醨。

【注解】

世人：指世界上大部分的人。

尽爱：最喜欢。

逶迤：蜿蜒曲折，拐来拐去。

不明：不懂得，不明白。

曲折：弯曲转折。

醇：本意是指酒味厚而纯，引申为纯粹之意。

醨：本意为味不浓烈的酒，引申为驳杂之意。

世界上大部分的人最喜爱行龙蜿蜒曲折拐来拐去，不懂得行龙弯曲转折和龙气纯粹驳杂的关系。

天皇行龙莫曲折，玑权气杂非瑰琦。

【注解】

天皇：亥。

莫：不要。

玑：乾。

权：壬。

气杂：龙气驳杂。

非：不是。

瑰：珍奇，瑰宝。

琦：美好。

亥行龙不要弯曲转折，乾、壬驳杂了亥龙不是珍奇美好的。

天市逶迤失正气，天厨天棓为深疵。

【注解】

天市：艮。

逶迤：婉蜒曲折，拐东拐西。

失：失去。

正气：充塞天地之间的至大至刚之气。

天厨：丑。

天棓：寅。

深：副词，很大。

疵：毛病。引申为缺点、灾祸。

艮行龙蜿蜒曲折拐东拐西则失去了至大至刚之气，丑、寅驳杂了艮龙是很大的毛病。

阴璇切忌间娄气，庚兑委曲咸相宜。

【注解】

阴璇：辛龙。

切忌：千万不要，指禁忌。

间：间接。

娄气：戌气。

兑：酉。

委曲：曲折变换。

咸：全都。

相宜：合适符合。

辛龙千万不要间接戌气，庚和酉互相曲折变换都是合适的。

阳璇亦忌间亢气，乘气慎勿差毫厘。

【注解】

阳璇：指巽龙。

亦忌：也禁忌。

间：间接。

亢气：辰气。

乘气：穴接脉乘气。

慎勿：谨慎不要。

毫厘：一毫一厘，形容极少的数量。

巽龙也禁忌间接辰气，穴位接脉乘气一定谨慎，不要有一毫一厘的差错。

龙辩中抽左右落，吉凶官爵定荣削。

【注解】

龙辩：龙脉要分辩。

中抽：从中间落下。

左右落：从左边落下或从右边落下。

吉凶：吉祥凶祸。

官爵：指的是官职爵位。

定：决定。

荣：原指草木茂盛，引申为兴盛。

削：削减，衰弱。

龙脉要分辩从中间落下从左边落下还是从右边落下，吉祥凶祸官职爵位兴盛衰弱都在其中决定了。

左落乾亥如双行，乾多亥少那堪作。

【注解】

左落：从左边落脉。

乾多亥少：乾气多亥气少。

那：相当于否定词“不”。

堪：能，可以。

作：指点穴制作坟墓。

乾兼亥的双行龙从左边落脉，乾气多亥气少是不可以点穴制作坟墓的。

右落乾亥亦双行，亥多乾少堪裁度。

【注解】

右落：从右边落脉。

亥多乾少：亥气多乾气少。

堪：可以。

裁：裁剪。

度：衡量。

乾兼亥的双行龙从右边落脉，亥气多乾气少可以裁剪衡量取穴。

中抽乾亥平分来，可作行龙穴休凿。

【注解】

中抽：龙脉从中脉落下。

乾亥平分：来龙在地盘乾亥中间线上，指乾气和亥气各占一半。

穴休凿：不要挖土开穴造坟。

来龙在地盘乾亥中间线上，然后从中脉落下，则是乾气和亥气各占一半，可以作为行龙，不要挖土开穴造坟。

壬亥双行从左落，亥多壬少荣官爵。双行右落龙不纯，壬多亥少家萧索。

【注解】

壬亥双行：即壬兼亥的行龙。

亥多壬少：亥气多壬气少。

荣：受人尊重的。

官爵：官职爵位。

双行右落：壬兼亥的行龙从右边落下。

龙不纯：龙气不纯粹。

壬多亥少：壬气多亥气少。

萧索：萧条凄凉。

壬兼亥的行龙从左边落下，亥气多壬气少的龙脉结穴可出受人尊重的官职爵位；壬兼亥的行龙从右边落下是龙气不纯粹的，壬气多亥气少的龙脉结穴主家庭萧条凄凉。

中抽壬亥平分来，转换精奇莫差错。

【注解】

中抽：龙脉从中间落下。

壬亥平分来：在地盘壬亥中间线上的龙脉。

转换：指改变，改换。

精：精确的。

奇：单数，跟“偶”相对，在这指壬脉或亥脉。

莫：不要。

差错：偏差和错误。

在地盘壬亥中间线上的龙脉从中间落下，要在精确的壬脉或亥脉上点穴造坟，千万不要偏差和错误。

单亥中抽爵禄縻，左落乾顶真龙亏。右落壬顶为四辅，龙逢官旺不须疑。

【注解】

单亥：龙入首在地盘亥的中心线上。

中抽：从中间落脉。

爵禄：爵位和俸禄。

縻：原指牵牛的绳子，现指长久相随捆缚。

左落：从左边落脉。

乾顶：起顶为乾。

亏：亏缺，缺少。

壬顶：起顶为壬。

四辅：古代天子身边的四个辅佐之官。

逢：得到。

官旺：催官旺盛。

不须疑：不需要怀疑了。

龙入首在地盘亥的中心线上，然后从中间落脉受穴，其爵位和俸禄是长久相随捆缚的。从左边落脉起顶为乾，其真龙结穴是亏缺的。从右边落脉起顶为壬，可结产生四辅之穴，其龙催官旺盛，不需要怀疑了。

艮顶中抽为第一，最喜龙直嫌逶迤。左落丑顶为半吉，右抽寅顶生疯眵。丑艮对顶平分出，颖异亦主生光辉。

【注解】

艮顶：入首为艮起顶。

中抽：从中间落脉。

第一：最好的。

龙直：行龙直线。

嫌：嫌弃，不喜欢。

逶迤：蜿蜒曲折。

左落丑顶：从左边落脉起丑顶受穴。

半吉：半吉半凶。

右抽寅顶：从右边落脉起寅顶受穴。

疯：精神病人。

眵：眼有病或眼盲。

丑艮对顶：指起丑艮顶受穴。

平分出：指从中间落脉。

颖：与众不同。

异：特别的。

生：产生。

光辉：原指光明，引申为富贵荣耀之人。

入首为艮从中间落脉受穴是最好，最喜欢行龙直线而嫌弃行龙蜿蜒曲折。入首为艮从左边落脉起丑顶受穴是半吉半凶，入首为艮从右边落脉起寅顶受穴会产生疯跛眼疾之人。入首为艮从中间落脉起丑艮顶受穴，龙穴特别与众不同，也主产生富贵荣耀的人。

丑艮双行从左落，丑多艮少生灾危。

【注解】

丑艮双行：用地盘在丑艮交界处。

从左落：从左边落脉受穴。

丑多艮少：丑气多艮气少。

生：产生。

灾危：灾难和危难。

用地盘测在丑艮交界处的丑艮双行龙从左边落脉受穴，丑气多艮气少会产生灾难和危难的。

丑艮双行从右落，艮多丑少荣孙枝。

【注解】

丑艮双行：用地盘测在丑艮交界处。

荣：草木茂盛，引申为繁荣昌盛。

孙枝：指年轻人。

用地盘在丑艮交界处的丑艮双行龙从右边落脉受穴，艮气多丑气少，主年轻人繁荣昌盛。

艮寅中抽不宜穴，左抽艮顶堪扶持。

【注解】

艮寅：指艮寅行龙。

中抽：从中间抽脉落下。

不宜：不适合。

左抽：从左边落脉。

艮顶：起顶为艮。

堪：可以。

扶持：指扶起艮气放倒寅气。

艮寅行龙从中间抽脉落下不适合点穴造坟，艮寅行龙从左边落脉起顶为艮，可以扶起艮气放倒寅气而点穴造坟。

艮寅右落岂为吉，棓星作主生穴非。

【注解】

岂：助词，表示反问，哪里？如何？怎么？

棓星：寅星峰。

作主：原意是作为主人，在这引申为挖掘作穴。

非：官非。

艮寅行龙从右边落脉受穴怎么会吉祥呢？艮寅行龙从右落脉起寅星峰挖掘作穴会产生灾难和官非的。

震山正落龙最贵，若见甲乙定深推。震甲双行患疯跛，震乙继赘螟蛉儿。

【注解】

震山：卯龙过峡。

正落：指龙脉从正中落脉。

龙：指龙穴。

若：如果。

见甲乙：看见甲或乙脉受穴。

宜：应该。

深：仔细地。

推：推测，进一步想。

震甲双行：卯甲双行而受穴。

患疯跛：得疯癫跛脚之病。

震乙：指卯乙双行而受穴。

继：过继他姓之子。

螟蛉儿：指义子，俗语所谓的干儿子，和收养人无血亲的后嗣。

卯龙过峡龙脉从正中落脉的龙穴是最贵的，如果看见甲或乙脉受穴就应该仔细地推测点穴了，卯甲双行而受穴会得疯癫跛脚之病，卯乙双行而受穴会有过继他姓之子或招女婿或收养义子作后嗣之应。

离丙双行切须忌，天降回禄灾翚飞。

【注解】

离丙双行：指午丙双行龙而受穴。

切：切实。

须：必须。

忌：忌讳，禁止。

回禄：相传是火神之名，引申为火灾。

灾：灾难。

翚飞：鹰等鸟类展翅疾飞的声音，在这引申为快速到来。

午丙双行龙落脉受穴是切实必须忌讳的，天降下火灾，灾难会快速到来。

辰巽并落非粹美，左落辰顶堪嗟悲。

【注解】

辰巽并落：辰巽合并起来落脉受穴，也是辰巽双行龙落脉受穴之意。

非：不是。

粹：纯粹。

美：美好。

左落辰顶：辰巽双行从左边落脉后起顶为辰。

堪：实在是。

嗟悲：因为悲惨而发出疼惜的感叹声。

辰巽合并双行龙落脉受穴不是纯粹美好的；辰巽双行从左边落脉后起辰顶受穴实在会产生悲惨而感叹。

辛戌双行本非吉，左落辛顶多镃基。

【注解】

本：本来。

非吉：不是吉祥的。

左落辛顶：从左边落脉起辛顶。

多：许多。

镃基：原指古代的大锄，现引申为基业、家业。

辛戌双行龙本来不是吉祥的，辛戌双行后从左边落脉起辛顶而受穴，又主拥有许多基业、家业。

丁山正落亦为贵，午未杂气家陵夷。

【注解】

丁山：指过峡是丁龙。

正落：正中落脉。

亦：才是。

贵：可贵的。

午未杂气：右落兼未、左落兼午，是午龙兼了杂气。

陵夷：由盛到衰，衰颓，衰落。

过峡是丁龙起顶后从中落脉受穴才是最可贵的，右落兼未、左落兼午是丁龙兼了杂气，主家庭由盛到衰。

起顶降脉定偏正，他宫放此须无违。

【注解】

起顶降脉：起顶后的降脉。

定：决定。

偏：左落或右落。

正：正中落脉。

他宫：其他宫位的龙脉。

放：通“仿”，仿效。

此：这个原理。

须：应当。

无违：没有违背。

根据起顶后的降脉决定结穴是左落、右落还是正中落脉。其他宫位的龙脉仿效这个原理来推测，应当是没有违背的。

衰病绝乡未为福，死兼墓沐家流离。临官生旺胎养位，不须更论阴阳疵。

【注解】

衰病绝乡：指在龙脉转折走到衰、病、绝的方位造坟。

未为：不是。

福：福气。

死兼墓沐：指在龙脉转折走到死、墓、沐的方位造坟。

流离：游走奔波没有归宿。

生：长生。

旺：帝旺。

不须：没有需要。

更论：再次论述。

阴阳疵：龙脉阴阳的毛病。

在龙脉转折走到衰、病、绝的方位造坟不是有福气的，在龙脉转折走到死、墓、沐的方位造坟，主家庭游走奔波没有归宿。在龙脉转折走到临官、长生、帝旺、胎、养的方位造坟才是吉祥的，论龙脉十二宫的旺衰就没有需要再次论述龙脉阴阳的毛病。

四龙转换为第一，卦变三两皆为稀。

【注解】

四龙：艮丙为一龙，巽辛为一龙，酉丁为一龙，卯庚为一龙，共四龙，皆阴龙也。

转换：互相转换。

为：是。

第一：最好的。

卦：从起祖到结穴称一卦。

变：变化转换。

三两：指四龙中的三条龙或二条龙。

皆为：都是。

稀：很稀少而珍奇的。

来龙在艮丙、巽辛、酉丁、卯庚这四龙中互相转换是最好的了，从起祖到结穴的变化转换中有四龙中的三条龙或二条龙都是很稀少而珍奇的了。

一卦独行为巧一，正来龙远毋栖迟。栖迟侧闪为傍落，亦须造化无参差。

【注解】

一卦：原指一个卦象，现指从起祖到结穴处在一卦中行走，比如亥龙行走虽远，到入首之际仍是亥脉，又比如酉龙行走虽远，在作穴之处仍乘酉气。

独行：一条龙在单独行走。

巧一：一个巧妙的事情。

正来，龙脉直来到脉的尽头。

龙远：龙行走很远。

毋：不会。

栖迟：原指鸟禽歇宿，泛指居住、停留，在这引申为真龙停留而结穴。

侧闪：侧边躲闪。

傍落：从旁边落脉。

亦须：也必须。

造化：人为地裁剪接脉立向等而创造化育。

无：不要。

参差：原指高低不齐的样子，现引申为马虎失误。

从起祖到结穴在一卦中行走是一条龙在单独行走是一个巧妙的事情，龙行走得很远直来到脉的尽头但真龙不会在脉尽头停留而结穴。其真龙停留结穴是侧边躲闪或旁边落脉而结。也必须人为地裁剪接脉立向等而创造化育，不要马虎失误。

真行伪落为变局，龙真穴的无推移。砂秀水朝为吉助，博龙合矩登天衢。

【注解】

真行；真龙行来。

伪落：阳龙行来变阴龙落脉或阴龙行来变阳龙落脉，叫伪落。

穴的：穴位准确。

无：无法。

推移：移动变化。

砂秀：砂峰秀丽。

水朝：水有情流来或潮来。

博龙：剥换到吉龙。

合矩：和砂水符合规矩。

登天衢：本意登上京都的大路，比喻登上富贵的路。

真龙行来但阳龙行来变阴龙落脉受穴或阴龙行来变阳龙落脉受穴叫作变局，如果龙真穴位准确得无法移动变化，砂峰秀丽水有情流来或潮来，能得到有利的帮助，那么穴位的运气剥换到吉龙符合规矩就可登上富贵的路了。

伪行真落为吉福，但恐换骨有兴衰。

【注解】

伪行：假龙行来。

真落：阳龙行来变阳龙落脉受穴或阴龙行来变阴龙落脉受穴叫真落。

为：得到。

吉福：吉祥和福气。

但恐：但是恐怕。

换骨：穴位的运气转换到假龙的位置。

兴衰：由兴旺转变为衰退。

假龙行来但阳龙行来变阳龙落脉受穴或阴龙行来变阴龙落脉受穴是可以得到吉祥和福气的，但恐怕穴位的运气转换到假龙的的位置就由兴旺转变为衰退了。

详观砂水定品秩，收放乘气为真机。

【注解】

详观：详细观察。

定：决定。

品秩：官品与俸禄的等级次序。

收：收扶。

放：放倒。

乘气：乘接龙气。

真机：真正的天机。

详细观察砂水的等级来决定官品和俸禄的等级次序，收扶、放倒、接脉乘气之法是真正的天机。

土圭测位勿草草，心意消息毋昏欺。

【注解】

土圭：罗盘。

测位：测量方位。

勿：不要。

草草：马虎草率。

心意：心里要明白意会。

消息：指罗盘测量方位的数据和接脉乘气的方法。

毋：不要。

昏：糊涂。

欺：自欺和欺人。

用罗盘测量方位不要马虎草率，心里要明白意会罗盘测量方位的数据和接脉乘气的方法，不要糊涂和自欺欺人。

龙穴砂水为至要，为君备赋催官诗。

【注解】

至要：极其重要的.

君："你"的尊称，指尊贵、品行端正、喜欢学习的你。

备：齐备、完备。

赋：本义描绘客观事物的文件，引申为写作。

龙、穴、砂、水是极其重要的，我为尊贵、品行端正、喜欢学习的你写作完备了《催官诗》。

卷二　评穴章

天皇评穴

催官第一天辅穴，天皇气从右耳接。穴宜挨左微加乾，天皇气贯穴无泄。四神八将俱朝迎，紫绶金章在前列。

【注解】

催：催生。

官：原指官员，现泛指富贵。

天辅：即壬。

天皇：即亥。

贯：进入。

泄：泄漏。

俱：都。

朝：朝拜。

迎：逢迎。

紫绶金章：紫色印绶和金印，古丞相所用，借指高官显爵。

前列：陈列于前；排在前面。

催生富贵的第一穴是壬山，亥龙的龙气从右边耳朵接入到穴位，点穴应该挨左边立向时壬山兼子而接入亥龙微加乾的龙气，这样亥龙的龙气进入到穴位而没有泄漏，四神八将的方位上都有砂朝拜逢迎的话，催生的高官显爵排在前面了。

天皇气射天厩星，微挨西兽加壬行。天厩穴空始为吉，耳受左气官班荣。

【注解】

天皇：即亥。

射：迅速流入。

天厩：即乾。

西兽：即右白虎。

官班：官职的等级位次。

荣：光荣，荣耀。与“辱”相反。

亥龙的龙气迅速流入乾山，立穴微挨右白虎，使亥龙增加一点壬气行进到穴位。乾穴立正针为小空亡才是吉祥的，穴位的左耳接受左边的龙气催生官职的等级位次是荣耀的。

天皇气冲穴北道，挨左立穴为枢要。稍加乾位细推详，右耳乘气毋冲脑。

【注解】

天皇：即亥。

冲 ：猛烈地进入。

北道：即癸。

细：仔细。

枢要：原指中央政权中机要部门或官职，现泛指很关键之处。

推详：推究审察，审问。

毋：不要。

亥龙的龙气猛烈地进入癸山，立穴时微挨左边是很关键的。立向时癸山稍兼丑接入亥龙稍加乾气，要仔细推究审察，右耳乘接龙气不要使其龙气直接冲入脑部。

天市评穴

催官第二穴宜癸，天市正气左冲耳。穴接西兽微加寅，书锦荣华耀阁里。

【注解】

天市：即艮。

冲 ：猛烈地进入。

西兽：即右边白虎砂。

书锦：华美的文书。

荣华：开花，引申指人之显贵，如富贵荣华。

阁：内阁的成员。

催官的第二穴是艮龙来立癸山，艮龙的正气从左边猛烈地进入耳朵。立穴时要挨右边白虎砂立向时癸山兼子接入艮龙稍加寅气，这样能书写华美的文书并富贵荣华光耀在内阁的成员里面。

天市行龙太微向，气冲左腧官资旺。阴阳相见福永祯，二枢配合相随唱。

【注解】

天市：即艮。

大微：即丙。

官资：官吏的俸禄。

祯：吉祥平安。

二枢：指阳枢艮和阴枢丙，在这指艮龙和丙向。

随唱：指夫妻恩爱，和谐相处。

艮龙行龙立（壬山）丙向，艮龙的龙气猛烈地从左腧中入穴而当官吏的俸禄旺盛。立穴居中而阴阳相配而永远福禄吉祥平安，艮龙和丙向是互相配合好像夫唱妇随一样。

壬癸背北面南离，河洛理数无相连。四垣四兽各正位，五气顺逆相凭依。

【注解】

背北面南离：指坐北向南。

河洛：河图、洛书。

四垣：原指太微垣、紫微垣、天市垣、少微垣。现指穴场四周的八角围城。

四兽：指穴场的青龙、白虎 、玄武、朱雀。

正位：属于自己的自然位置，亦称原位。

五气：五行之气。

顺逆：原指顺正与邪逆，现指相生和相克。

凭依：依托，依靠。

艮龙立壬山、癸山都是坐北向南，和河图、洛书的理数没有相互连系。穴场四周的八角围城和穴场的青龙、白虎 、玄武、朱雀各得属于自己的自然位置，五行之气相生和相克是互相依托的。

天市迢迢穴阴玑，气冲右耳毋逶迤。天厨微加穴宜左，富贵文武官班荣。

【注解】

天市：即艮。

迢迢：形容遥远，千里迢迢。

毋：没有。

逶迤：蜿蜒曲折；拐来拐去。

冲 ：猛烈地进入。

阴玑：即甲。

天厨：即丑。

宜：应该。

官班：官职的等级位次。

荣：荣华。

从千里迢迢来的艮龙立穴甲山，艮龙之气猛烈地从右耳进入穴是没有蜿蜒曲折的，立向时甲山微兼卯接入艮龙微加丑的龙气，立穴时应该挨着左边，这样催生的富贵文武之官在官职的等级位次也是荣华的。

阳枢穴左天官星，右腧乘气多荣名。若得阴璇山秀起，含书饫史称明经。

【注解】

阳枢：即艮。

天官：即乙。

多：多数。

荣名：美好的名声。

阴璇：即辛。

秀起：秀丽地高起。

含：原指容纳，现指著作。

含书：著作的作品。

饫：原指吃饱，现指照耀。

饫史：照耀历史。

称：颂扬。

明经：汉朝出现之选举官员的科目，被推举者须明习经典的学问，故以“明经”为名。始于汉武帝时期，至宋神宗时期废除。

艮龙来在龙的左边立穴为乙山辛向，穴位的右腧乘接龙气多数能获得美好的名声。如果得到辛峰秀丽地高起，那么著作的作品照耀历史被颂扬为经典的学问。

阳枢行龙西向兑，右耳乘气应为最。穴宜挨左加厨星，阀阅荣华定无艾。

【注解】

阳枢；即艮。

兑；即酉。

最：古代考核政绩或军功时划分的等级，以上等为最。

阀阅：原指仕宦人家门前题记功业的柱子，现泛指门第、家世。

艾：终止，断绝。

艮行龙来穴坐卯向着西方的酉方，右耳乘接龙气是上等的，点穴应该挨左边立向坐卯兼乙接入艮加丑的龙气，这样的家世出荣华富贵就不会终止断绝的。

天市行龙向阳璇，气冲左腧通玄微。屋润肥家积金玉，但恐夭折亏天年。

【注解】

天市：即艮。

阳璇：即巽。

冲 ：猛烈地进入。

玄微：深远微妙。

屋润：指装饰房屋，使居室华丽生辉。

家肥：指家庭和睦有礼。

家肥屋润：家庭和睦有礼且富有。

积：聚集，使逐渐增多，积累。

金玉：宝物，珍宝。

恐：恐怕。

夭折：指未成年而死。

亏：减损；减少。

天年：就是天赋的年寿，就是一个人在保持身体各器官都在健康状态下自然的寿命。

艮行龙穴坐乾向巽，艮行龙的龙气猛烈地进入穴位的左腧，和深远微妙的道理是相通的，居室华丽生辉家庭和睦有礼慢慢会积累许多珍宝，但恐怕会出现未成年而死或自然寿命会减损的人。

阴璇评穴

催官第三穴天厩，天乙行龙右耳受。挨左立穴加少微，中男及第纡紫绶。

【注解】

天厩：即乾。

天乙：即辛。

少微：即酉。

中男：《易·说卦》："坎再索而得男，故谓之中男。"泛指青年男子。

及第：指科举考试应试中选，因榜上题名有甲乙次第，故名。隋唐只用于考中进士，明清殿试之一甲三名称赐进士及第，亦省称及第，另外也分别有状元及第、榜眼及第、探花及第的称谓。

纡：系，结。

紫绶：紫色丝带，古代高级官员用作印组或作服饰。

催官的第三穴是辛龙来立乾山，辛行龙而穴位从右耳接受龙气，立穴应该偏左立向乾山兼亥接辛龙加酉的龙气，这样的话青年男子就可在科举考试应试中选，可以系上代表高级官员的紫色丝带当官了。

阴璇穴酉向东震，阴璇气从左耳进。微侵娄位勿加多，巡警小官亦聪俊。

【注解】

阴璇：即辛。

东震：即卯。

娄位：即戌。

微：小，细小，微小。

侵：入侵。

勿：不要。

聪俊：聪明英俊。

辛龙来穴坐酉山向东面的卯方，辛龙的龙气从左耳进入穴位，点穴细微地偏右立向酉山兼庚，使接入穴位的龙气入侵一点戌气，但不要加入太多的戌气，这样主出聪明英俊的巡警小官。

阴璇龙向天市垣，气从左腧通其原。玉堂金马无分到，懦官雅俊多田园。

【注解】

阴璇：即辛。

天市垣：即艮。

通：接通。

原：起源；根本。

玉堂金马：玉堂殿和金马门的并称。玉堂殿 ，原为汉未央宫 的属殿；金马门 ，原为汉宫宦者署门。均为学士待诏之所。后亦沿用为翰林院的代称。

无：没有。

分：名分。

到；得到。

儒官：清高而有气节的文官者。

雅：美好的，高尚的，不粗俗的。

俊：相貌清秀好看，跟“丑”相反，俊秀、俊俏、俊美。

辛龙来立穴向着艮方，龙气从左腧进入穴位是接通了龙的起源的。其后人没有名分得到翰林院的官职，但可以做清高而有气节的文官，相貌也清秀好看，并且多财。

阳璇评穴

催官第四穴宜乙，阳璇气冲左耳入。天官借坐加青蛇，禁阙宸宫班夜值。

【注解】

阳璇：即巽龙。

天官：即乙。

青蛇：即巳。

冲：猛烈地进入。

借：依靠，借重。凭借。

禁阙：宫城前的楼观。借指宫城或宫门。

宸宫：幽幽深宫里。

夜值；在夜间值班。

第四个催官穴是巽龙来立穴乙山，巽龙的龙气猛烈地从穴位的左耳进入，穴稍往右依靠立向乙山兼卯接入巽龙加一点巳气，这样后人在宫城或宫门或幽幽深宫里当官，在夜间值班守卫了。

太乙行龙天屏穴，右耳乘气真奇绝。亢金煞位勿加多，巨富小贵人英杰。

【注解】

大乙：即巽龙。

天屏：即巳。

奇绝：神奇绝妙。绝，极、尽。

亢金：即辰。

勿：不要。

英杰：英俊杰出。

巽龙行龙来立巳山（亥向）穴，右耳乘接龙气真是很神奇绝妙的，立向巳山兼一点点丙，使穴位接入一点点辰气，但辰金煞气不要多加，这样出巨富和小贵人也英俊杰出。

太乙行龙向阳枢，右腰乘气无差殊。砂奇水秀龙精异，诗礼富贵多金珠。

【注解】

大乙：即巽龙。

阳枢：即艮。

奇：特殊的，稀罕，不常见的。

差殊：差错。

精：完美，最好。

异：特别的。

诗礼：旧时常用来称读书讲究礼教的人家。

金珠：金银珠宝。

巽行龙来穴立坤山艮向，右腰乘接龙气是没有差错的，砂峰特殊稀罕水秀丽龙脉完美特别，其后人的家庭是读书讲究礼教的人家，并且富贵多金银珠宝。

阳衡评穴

催官第五穴宜甲，阳衡气从左耳发。穴挨西兽加天官，持节边疆掌生杀。

【注解】

阳衡：即卯。

西兽：即白虎右边。

发：发送。

挨：靠近。

天官：即乙。

加：增加。

持节：拿着旄节。节，旄节，也叫符节，以竹为竿，上缀以旄牛尾，是使者所持的信物。

宜：应该。

第五个催官穴是卯龙来立穴应该是甲山，卯龙的龙气从左耳发送到穴位，点穴靠近白虎右边立向，甲山兼寅使穴增加乙气，后人出拿着旄节信物的使者或镇守边疆掌握生死大权的人才。

阿香东来穴天官，气贯右耳尸灵安。微加甲位穴粘左，先文后武荣官班。

【注解】

阿香：即卯。

天官：即乙。

贯：穿，通，连通。

尸：尸骨。

灵：灵魂。

安：安宁。

粘：粘连。

荣：原指草木茂盛，引申为兴盛。

官班：官职的等级位次。

卯龙从东面来立穴乙山，龙气连通穴位的右耳而尸骨的灵魂得安宁，立向时乙山兼辰接入卯龙，微微增加一点甲位的龙气，并且立穴要粘连左边，这样先出文人后出武官当官，人才很兴盛。

天汉评穴

催官第六向东震，天汉气从右耳进。微加申位多荣华，富压乡邦众钦信。

【注解】

东震：即卯。

天汉：即庚。

荣华；原指开花，引申指人之显贵，富贵荣华。

多：多数，大部分。

压：镇服。

乡邦：家乡。

钦信：钦服和信任。

第六个催官穴是庚龙来立酉山卯向，庚龙的龙气从右耳进入到穴位，立向时酉山微微兼辛，使接入的龙气微微增加一点申位的龙气，大部分是富贵荣华的，这样后人多钱财，镇服家乡，且得到大众的钦服和信任。

天汉正向天市星，气奔左耳真奇清。微加酉兑穴粘右，水朝局拥家资盛。

【注解】

天汉：即庚，正即直来。

天市：即艮。

正：正当；合适。

兑：即酉。

奔：直往，趋向。

奇：稀罕，不常见的。

粘：粘接。

朝：同“潮”，潮来之意。

拥：前呼后拥。

家资：家中的财产。

盛：兴旺。

庚龙来合适的立向是坤山艮向，龙气直往穴位的左耳真是非常稀罕和清纯的，立向坤山微兼未，接入庚龙微加酉的龙气，立穴应该粘接右边，逆水潮来，堂局前呼后拥，则家中的财产兴旺。

南极评穴

催官第七穴宜坤，南极气从右耳奔。要使鬼阴勿贯穴，微加天广荣家门。

【注解】

宜：应该。

南极：即丁。

奔：急速地跑。

鬼阴：即未。

勿：不要。

贯：接入。

天广：即午。

荣：原指草木茂盛，引申为兴盛。

催官的第七穴是丁龙来应该立坤山，丁龙的龙气从右耳急速地跑进来。要注意使未气不要接入到穴位，点穴偏左立向坤山微微兼申，接入丁龙微微增加一点午气，则兴盛家门。

南极行龙天皇向，气冲左耳乃为上。穴接西兽微如羊，阳权慎勿毫厘间。

【注解】

南极：即丁。

天皇：即亥。

乃：是，为。

冲：不顾一切，一直向前。

上：位置在高处的，与“下”相对，上策的，最好的。

接：靠近，挨上。

西兽：即右边白虎 。

羊：即未。

阳权：即午。

慎：小心，当心。

勿：不要。

毫厘：两个很小的计量单位，极言数量之小。

丁龙行龙来立巳山亥向，龙气不顾一切进入穴的左耳是上策，立穴靠近右边白虎，立向巳山微兼巽，接入丁龙微加未气，午气小心不要接入到穴位，操作只是在毫厘之间。

太微评穴

催官第八丙龙乙，气冲左腧英才出。太微之龙穴粘巳，左气贯耳富而已。

【注解】

大微：即丙。

冲：不顾一切，一直向前。

英才：才华杰出的人。

出：产生，生长。

太微：丙。

贯：进入。

富而已：只是富没有贵。

催官第八个穴是丙龙来立乙山辛向，龙气不顾一切进入穴位的左腧则才华杰出的人产生了。丙龙来立穴巳山亥向，左边的龙气进入左耳只是富而已。

太微行龙向阳枢，右腰乘气无差殊。穴宜挨左加青蛇，亦主人旺家资富。

【注解】

大微：即丙。

阳枢：即艮。

向阳枢：艮向。

差殊：差错。

青蛇：即巳。

挨：靠近。

人旺：人丁兴旺。

家资：家中的财产。

富：充裕，充足。

丙龙行龙立穴坤山艮向，右腰乘接龙气是没有差错的了。点穴应该靠近左边立向坤山兼申，接入丙龙加一点巳气，也主人丁兴旺，家中的财产充裕。

少微评穴

催官第九兑山艮，左气冲耳无多紊。略加天乙贵龙

成，亦主文章典州郡。

【注解】

兑：即酉。

冲：不顾一切进入。

紊：乱。

天乙：即辛。

成：做好，做完。

典：主持，主管。

州郡：州和郡，均为古代行政区，在这指州郡的长官。

第九个催官穴是酉龙来立坤山艮向，左边的龙气不顾一切从左耳进入是没有错乱的了。立穴偏右立向坤山略兼未，接入酉龙略加辛气，那么贵龙就做好了，也主出文章才子和主管州郡的长官。

金鸡来泊天门啼，右气冲耳天厩虚。微加天汉砂水秀，少年一举登科第。

【注解】

金鸡：即酉。

泊：停留。

天门：即乾。

啼：金鸡的叫声。

泊天门啼：停留在乾山巽向的穴上啼叫。

冲：不顾一切进入。

天厩：即乾山巽向。

虚：古同“墟”，大丘。

秀：特别优异的秀丽。

一举：一次参加科考。

酉龙来停留在乾山巽向的穴上，右边的龙气不顾一切从右耳冲入乾山的大丘里，立穴偏左立向，乾山微兼亥，接入酉龙微加庚气，又得砂水特别优异的秀丽，主少年一次参加科考就可登科发甲当官了。

金鸡啼向扶桑东，气冲脑散亏神功。庚辛受气乃为贵，官职宏霸资财丰。

【注解】

金鸡：即酉，

扶桑：即卯。

东：东面。

冲：不顾一切进入。

散：散开。

亏：亏损。

庚辛：在这指庚山或辛山。

宏：广大，博大。

霸：古代称诸侯的盟主。

资财：资本与财物。

酉龙来立穴向着东面的卯方（即酉山卯向），龙气不顾一切进入人的脑中，则龙气散开了，而风水的神功就亏损了。立庚山或辛山接受酉龙才是最可贵的，这样官的职位大至盟主，资本与财物也丰盛。

少微正向宜配丁，右腰乘气官职轻。若转天皇脉受穴，右耳受气公侯生。

【注解】

少微：即酉。

正向：正穴的立向。

宜：应该。

配：配合。

轻：小，与“大”相对。

若：如果。

转：转移。

天皇：亥。

受：接受。

生：产生。

酉龙来正穴的立向应该配合立癸山丁向，穴位的右腰乘接龙气，其官的职位小。如果龙脉转移到亥脉来接受穴位，穴位的右耳接受酉龙的龙气，则公侯之官产生了。

阳权评穴

催官第十穴天贵，离宫左气从耳注。微加南极局周迥，砂水合矩公侯至。

【注解】

天贵：即丙。

离宫：即午。

注：灌进去。

南极：即丁。

周：周密。

局：局堂。

迥：显然，清清楚楚。

合矩：符合。

矩：法则，规则。

公侯：泛指有爵位的贵族和官高位显的人。

至：产生了。

催官第十个穴是午龙来立丙山壬向，午龙的龙气在穴的左边从左耳灌进去，立穴偏右立向丙山微兼巳，接入午龙微加丁气，并且要局堂显然周密，加上砂水符合法则的话，有爵位的贵族和官高位显的人产生了。

离山迢绕应日星，丁穴右耳乘炎精。微加天贵毫厘位，立见骤富官职荣。

【注解】

离山：即午。

迢：远，高远的样子。

绕：走弯曲迂回的路。

应：应和，响应。

日星：二十八宿的星火宿。

炎精：即午。

乘：乘接。

天贵：丙。

毫厘：毫与厘的并称，比喻极微细。

位：位置；方位。

立见：很快会见到。

骤富：突然发财。

荣：原指草木茂盛，引申为兴盛。

午龙从高远的地方走弯曲迂回的路来，和二十八宿的星火宿是应和的，立穴丁山则右耳乘接午龙的龙气，立向时丁山微兼未，接入午龙的龙气微加一点丙气，操作是极微细的位置，很快会突然发财，官的职位也兴盛起来。

天辅评穴

背一面九乘天辅，气冲右耳为合矩。穴宜挨左加紫星，富贵荣华振乡土。

【注解】

天辅：即壬。

乘：乘接。

天皇：即亥。

背一面九：一即后天坎（子），九即后天离（午），子山午向之意。

冲：不顾一切地进入。

合矩：符合法则。

挨：靠近。

富贵：富裕而显贵。

荣华：荣耀显贵。

振：通“震”。震撼；震惊。

乡土：家乡的土地。

立穴子山午向乘接壬龙的龙气，壬龙的龙气不顾一切地进入穴位的右耳冲是符合法则的，点穴应该靠近左边，立向要子山兼癸，接入壬龙加亥气，这样富裕荣耀而显贵，震撼家乡的土地。

壬山迢迢穴天市，天辅气奔冲右腧。穴左微侵半分亥，富贵声名响闾里。

【注解】

天市；即艮山。

迢迢：形容遥远。

天辅：即壬。

奔：急速地跑。

冲：不顾一切地进入。

腧：指人体上的穴道“腧穴”。

侵：侵犯。

半分：表示极小的程度，一点点。

闾里：乡里。

响：说话有影响或声名远扬。

壬龙从遥远的地方来，立穴艮山坤向，壬龙的龙气急速地跑，不顾一切地进入穴位右边的腧穴，点穴稍偏左边，立向艮山微兼寅，接入壬龙侵犯一点点亥气，主富贵名声在家乡都很有影响或声名远扬。

天辅龙向天官星，气从左腧通玄灵。穴宜挨右加阳光，亦主财富人英杰。

【注解】

天辅：即壬龙。

天官：即乙。

玄灵：神灵。

通：沟通；接通。

阳光：即子。

挨：靠近。

亦：也。

壬龙来立向辛山乙向，龙气从左边的腧穴进入穴位是和神灵接通的，点穴应该靠近右边，立向辛山兼酉，接入壬龙加子气，也主发财且人英俊杰出。

阳光评穴

穴坎阴光右耳通，龙脉精俊生英雄。切忌阳光气冲脑，家资退落应如扫。

【注解】

坎：即子。

阴光：即癸。

精：精细。

俊：俊秀。

切忌：禁忌；千万不要。

家资：家里的财产。

退落：倒退，退败。

扫：扫地。

子龙来立癸山丁向，是右耳接通龙气，子龙的龙脉精细俊秀可催生英雄，千万不要立子山午向，是龙气直冲入脑部，家里的财产倒退退败像扫地一样快！

阳光穴坐天市垣，气冲右耳乃为玄。穴宜挨左加天辅，孕产六指多田园。

【注解】

阳光：即子龙。

天市垣：即艮山。

冲：不顾一切地进入。

玄：深奥、玄妙的道理。

天辅：即壬。

挨；靠近。

孕产：怀孕而生产。

田园：泛指财产。

子龙来立穴坐艮向坤，龙气不顾一切地进入穴位的右耳是符合深奥玄妙的道理，点穴应该靠近左边，立向宜艮山兼寅，接入子龙加壬气，主怀孕而生产六个手指的人，并且多财产。

阴光评穴

催官十三向玄戈，阴光俊美右耳过。挨左微加半规

月，富贵便见风流多。

【注解】

玄戈：即坤。

阴光：即癸。

俊美：指体态俊秀美丽。

过：注入。

挨：靠近。

半规：半圆形。有时借指太阳或月亮。

月：原指地球的天然卫星月球，现指子。

便：就，并。

见：表现出。

风流：放荡不羁而好淫荡。

催官的第十三个穴是癸龙来立艮山坤向，体态俊秀美丽的癸龙从穴位的右耳注入的龙气，点穴靠近左边，立向艮山微兼寅，接入癸龙微兼子气，出富贵的人并多数表现出放荡不羁而好淫荡。

阴光穴坎向炎精，左耳乘气不为轻。穴宜挨右微加牛，出人英俊资财盛。

【注解】

阴光：即癸。

坎：即子。

炎精：即午。

轻：分量小，与“重”相对。

牛：即丑。

英俊：是指容貌俊秀又有风度的、才智出众的人。

资财：资本与财物。

盛：兴旺。

癸龙来立穴坐子向午，穴位的左耳乘接龙气不是分量小的，点穴应该靠近右边，立向宜子山微兼壬，接入癸龙微加丑气，这样出容貌俊秀又有风度的人，并且资本与财物也兴旺。

玄戈评穴

丁穴回环局周锁，玄戈耳入气冲左。穴挨西兽微加申，龙局精奇发如火。

【注解】

玄戈：即坤。

回环：砂水环绕。

局：堂局。

周：周围城垣回绕不缺。

锁：关锁。

玄戈：即坤。

西兽：即右边白虎砂。

冲：不顾一切地进入。

精奇：精致奇妙。

如：像。

立穴丁山的砂水环绕，局堂周围城垣回绕不缺，并且水口关锁，坤龙的龙气在穴位的耳朵不顾一切地进入穴位的左边，点穴应该靠近右边白虎砂，立向丁山微兼午，接入坤龙微加申气，龙和堂局精致奇妙则主发福像火一样快。

坎离交极少生气，老阴不交龙不拥。水朝砂秀亦堪夸，坎癸离壬纳于是。

【注解】

坎：即子。

离：即午。

坎离交极：即子山午向。

老阴：即坤。

交：交媾。

不交：坤土克子山，故称不交媾。

拥：扶助；保护。

堪：能，可以，足以。

夸：夸赞，夸许。

坎癸离壬：指子山、癸山、午山、壬山。

纳：归纳。

于是：也是同样道理。

子山午向接坤龙是很少有生气的，坤龙克子山是坤龙不交媾并且坤龙不扶助子山。水潮来砂秀丽也足以夸许，子山、癸山、午山、壬山也同样道理。

阳玑评穴

亢阳无生甲从乾，气从腧入非天然。阳局不奇必凶恶，鳏寡绝嗣灾绵绵。

【注解】

亢阳：即乾。

甲从乾：乾纳甲，则甲从乾。

腧：腧穴。

非：不是。

天然：自然生成的。

奇：特殊的。

凶恶：凶狠恶毒。

鳏：无妻或丧妻的男人叫做鳏夫。

寡：寡妇。

绝嗣：指女子婚后不生子女，造成子嗣断绝，后继无人。

乾龙来立庚山甲向没有生机是因为乾纳甲，乾龙的龙气虽从穴位的腧穴进入也不是自然生成的，立向阳局也不是特殊的，最终必然是凶狠恶毒的，出鳏夫寡妇，子嗣断绝，并且灾祸连绵。

阳玑来龙宜向乙，迢迢左气从耳入。穴宜挨左微加娄，水朝局拥家资实。

【注解】

阳玑：即乾。

娄：娄金宿和戌相应，即戌。

宜：适宜。

迢迢：形容遥远。

拥：聚集。

家资：家中的财产。

实：富足。

乾来龙适宜立穴辛山乙向，遥远的乾龙之气在穴位的左边从左耳进入穴位。点穴应该靠近左边，立向辛山微兼戌，接入乾龙微加戌气，水潮来堂局聚集，则家中的财产富足。

鼓盆评穴

戌山迢迢宜向乙，鼓盆左气奔耳入。龙行起伏向阳朝，巨富但恐人残疾。

【注解】

鼓盆：即戌。

迢迢：形容遥远。

奔：急速地跑。

阳朝：逆水潮来。

戌龙从遥远的地方来应该立辛山乙向，戌龙的龙气在穴位的左边急速地跑入穴位的左耳，龙行一起一伏，穴向着逆水潮来，发巨富但恐怕人有残疾。

鼓盆龙向天苑星，行龙懒缓灾非轻。穴挨西兽细消详，水朝局备家资盛。

【注解】

鼓盆：即戌。

天苑：即寅。

懒缓：懒散和缓。

西兽：右边白虎砂。

细：仔细。

备：完备。

消详：揣摩。

家资：家中的财产。

盛：兴旺。

戌龙来立穴申山寅向，行龙懒散和缓，其灾祸一定不是轻的。点穴靠近右边白虎砂，要仔细地揣摩。水潮来堂局完备，家中的财产兴旺.

功曹评穴

功曹坐艮向玄戈，左耳乘气无偏颇。微加甲位局周

全，龙脉精奇发如火。

【注解】

功曹：即寅。

玄戈：即坤。

偏颇：偏向一方。

局：堂局。

全：完备，齐备，完整，不缺少。

精奇：精致奇妙。

寅龙来立穴坐艮山向坤，左耳乘接龙气没有偏向一方的。立向时艮山微兼丑，接入寅龙微加甲位之气，并且堂局完整，龙脉精致奇妙，发福像火一样快！

功曹正向天关星，龙脉颖异穴堪亲。砂水不拥总凶恶，寡母怪疾多生嗔。

【注解】

功曹：即寅。

天关：即申。

颖异：新颖奇特。

正：龙直来穴直受为正。

堪：能，可以，足以。

亲：原指亲近，现引申为迁用。

拥：聚集。

总：终归，毕竟。

凶恶：凶狠恶毒。

生嗔：性情不好常发怒。

寅龙来穴直受的立向是寅山申向，龙脉新颖奇特，那么穴看起来也好象可以迁用。砂水不聚集，终归是凶狠恶毒的，主出寡母、生怪病，并且性情不好常发怒。

阴玑评穴

阴玑穴巽向玑峰，气从右腧家兴隆。左右不交龙失度，鳏寡疯跛动瘟风。

【注解】

阴玑：即甲。

玑峰：即乾峰。

左右不交：立向甲山庚向，则龙直来穴直受，龙直来穴直受则是龙左右不交。

度：法度。

动：发生。

瘟：称瘟病、瘟疫、热病。

甲龙来立穴巽山乾向并且向对着乾峰，龙气从右腧进入穴位，则家庭兴隆。立向甲山庚向是龙失去了法度，出鳏夫寡母跛脚之人或发生瘟疫。

阴玑起伏龙向坤，左耳乘气福无穷。穴宜粘左微加寅，龙奇局锁方堪用。

【注解】

阴玑：即甲。

起伏：风水家所谓的“起”是指星峰高出山之外，“伏”是指龙隐于土地之中。龙起伏才表示这条龙有精神的，若没有起伏，就是顽蠢的死龙。一起一落之意。

无穷：无穷无尽。

宜：应该。

粘：粘附。

奇：奇特的，异乎寻常。

方：才。

堪：可以。

用：使用。

甲龙一起一落地来立穴艮山坤向，穴位的左耳乘接龙气，其发福无穷无尽。点穴应该粘附在左边，立向艮山微兼寅，接入甲龙微加寅气。龙奇特，堂局关锁，才可以剪裁使用。

亢金评穴

亢金穴巽向阳玑，气从右耳为合矩。天官微用穴粘左，巨富但恐无期颐。

【注解】

亢金：即辰，二十八宿的亢金宿和辰相应。

阳玑：即乾。

矩：法则，规则。

粘：粘附。

期颐：百年曰期颐，即一百岁，泛指长寿。

辰龙来立穴巽山乾向，龙气从右耳进入穴位是符合法则的，立向要巽山微兼巳，接入辰龙微加乙气，点穴要粘附左边，出巨富但恐怕不长寿。

亢金阳龙向玄戈，左腧乘气力比和。天官微加穴挨左，龙要精奇穴关锁。

【注解】

亢金：即辰。

玄戈：即坤。

比和：算命中五行属性相同者称“比和”，比和者为兄弟，比喻像兄弟一样亲密有力。

天官：即乙。

粘：粘附。

精奇：精练奇特。

辰阳龙来立穴艮山坤向，左腧乘接龙气像兄弟一样亲密有力。立向艮山微兼寅，接入辰龙微加一点乙气，点穴粘附在左边。龙要精练奇特，穴的堂局要关锁。

天常评穴

未山起伏龙向艮，天常气冲右耳边。穴挨左位带丁来，左道荣华人贵显。

【注解】

起伏：一起一落。

天常：即未。

冲：不顾一切地进入。

挨：靠近。

左道：原指不正派的东西，现泛指“旁门左道”。

荣华：富贵荣华。

一起一落的未龙来立穴坤山艮向，未龙的龙气不顾一切地进入穴位的右耳。点穴靠近左边，立向坤山兼申，接入未龙带一点丁气，后人易走旁门左道而富贵荣华，并且人也显贵。

天关评穴

天关龙坐天汉星，气从右耳须细寻。微加天钺辅龙行，水朝局锁人财盛。

【注解】

天关龙：即申龙，

天汉星：即庚。

天钺：即坤。

寻：寻觅。

辅龙：坤气生申龙使龙气更旺，所以叫辅龙行。

盛：兴旺。

申龙来立穴庚山甲向，申龙的龙气从右耳接入必须仔细寻觅，立向要庚山微兼酉接入申龙微加坤气使坤气生申龙使龙气更旺，水潮来堂局关锁则人和财都兴旺。

申山局向瑶光宫，左耳乘气力为重。玄戈微加穴居左，龙蹲虎踞家资盛。

【注解】

瑶光宫：即癸。

重：重量很大，与“轻”相对。

玄戈：即坤。

居：当，占，处于。

蹲：蹲伏。

踞：蹲坐。

家资：家里的财产。

盛：兴旺。

申龙来堂局的立向是丁山癸向，穴位的左耳乘接龙气，其力量是很大的。立向时丁山微兼未，接入申龙微加一点坤气，点穴时穴位处于左边，青龙蹲伏而白虎蹲坐，则家里的财产兴旺。

赤蛇评穴

赤蛇头向天门北，直来直受神功裂。巽丙受穴最为良，富贵荣华人英杰。

【注解】

赤蛇：即巳。

天门北：即亥。

神功：神灵的功力。

裂：破裂。

巽丙：巽山、丙山。

受：接受。

良：良好。

富贵荣华：旧时形容有钱有势。

英杰：容貌英俊，才智杰出。

巳龙来立向是巳山亥向，龙直来而穴直受，则神灵的功力破裂了。立巽山或丙山来接受穴位最是良好的，出有钱有势的人，并且人的容貌英俊才智杰出。

天厨评穴

金牛走向太微垣，气奔左耳龙脉旋。阳枢微加穴粘右，水朝局锁多田园。

【注解】

金牛：即丑。

大微垣：即丙。

奔：急速地跑。

旋：旋绕。

阳枢：即艮。

粘：粘附。

田园：代表钱财。

丑龙走来立穴壬山丙向，丑龙的龙气急速地跑入穴位的左耳，其龙脉是旋绕的。立向要壬山微兼亥，使接入的龙气是丑龙微加艮气，点穴要粘附在右边，水潮来堂局关锁则钱财多。

天厨龙向南极星，左气冲耳资财兴。穴挨西兽加阳枢，富贵人钦左道灵。

【注解】

天厨龙：即丑龙。

南极：即丁。

资财：资本与财物。

兴：旺盛。

西兽：即右边白虎砂。

阳枢：即艮。

左道：原指不正派的东西，现泛指“旁门左道”。

灵：灵验。

丑龙来立穴癸山丁向，龙气在穴位的左边不顾一切地进入左耳，则资本与财物旺盛。点穴应该靠近右边白虎砂，立向癸山兼子，接入丑龙加艮气，出富贵之人，且众人钦服，走旁门左道也灵验。

天官评穴

天官坤向穴天市，气奔左腧乃为利。亢金微加穴粘右，亦主富贵人招赘。

【注解】

天官：即乙。

天市：即艮。

奔：急速地跑。

乃：是。

利：好处。

亢金：即辰。

富贵：指富裕而又有显贵的地位。

招赘：招人到自己家里做女婿。

乙龙来立艮山坤向，龙气急速地跑入穴位的左腧是有好处的，立向时艮山微兼丑，接入乙龙微加辰气，点穴粘附在右边，也主富裕又有显贵的地位，但招人到自己家里做女婿。

评穴总诀

气从耳入官易期，气从腰腧官应迟。耳腰乘气有多寡，正脉慎勿差毫厘。催官穴向几等第，耳腰乘气为真机。

【注解】

期：盼望。

官：原指官职，现泛指富贵吉祥。

腰腧：指腰穴、腧穴。

应：应验。

迟：推迟，延迟。

多寡：有多有少。

正：合于法则的。

慎：小心，当心。

勿：不要。

差：误差。

向：立向。

几：表示数目，几种。

等第：不同的等级次第。

真机：玄妙之理，秘要。

龙气从左耳或右耳进入穴位，催发富贵吉祥是容易盼望很快到来的；龙气从腰穴、腧穴进入穴位，则富贵吉祥的应验是推迟的。从穴位的耳朵、腰腧乘接龙气有多有少，合于法则的接龙脉要小心，不要有毫厘的误差。催官穴的立向有这么几种不同的等级次第了，从耳朵、腰腧乘接龙气是真正的玄妙之理。

卷三　评砂章

催官之砂维四方，云霄屹立官职强。

【注解】

催官：催发官贵。

砂：风水上不是所有的山头都叫做砂，只有山顶八字分开、开面有小情向穴的山峰才叫砂。

维四方：指乾、坤、艮、巽四方。

云霄：指山峰很高大接近云的高度。

屹立：坚挺直立。

官职强：官的职位很大。

催发官贵的砂峰在乾、坤、艮、巽四方，乾坤艮巽四方的砂峰坚挺直立很高大，接近云的高度，则官的职位很大。

【阐释】

因为乾、坤、艮、巽是五行长生之位，又是贵人禄马之乡，所以四维砂催官。

四维低峰叠叠起，千仓万箱耀州里。

【注解】

四维：指乾、坤、艮、巽四个方位。

低峰：低矮的山峰。

叠叠起：堆积重叠几层的样子。

千仓万箱：形容财富多。

耀州里：有名声光耀于所住的州里，古时二千五百户为州，二十五户为里。

乾、坤、艮、巽四方低矮圆润的山峰堆积重叠成几层的样子，主财富多，名声光耀于所住的州里。

奇峰列秀有三角，黄金白玉尚奢靡。

【注解】

奇峰：奇异的山峰。

列秀：秀丽的山峰排列在一起。

三角：在此指乾坤艮巽的方位上其中有三方高起，砂峰构成三角之形。

黄金白玉：形容巨贵。

尚：尚且。

奢靡：指生活奢侈，挥霍无度，过分追求享受。

奇异的山峰和秀丽的山峰分布排在乾、坤、艮、巽方位上，成三角之形，主出家里有黄金白玉，尚且奢靡的巨贵。

若还有路破峰峦，官事相连败田地。

【注解】

若：如果。

路：道路。

破：破坏损伤。

峰峦：指乾、坤、艮、巽四方的山峰顶部。

官事：指诉讼官司之案件。

相连：一件接一件而来。

败田地：土地财产损失败退。

如果还有道路破坏损伤乾、坤、艮、巽四方的山峰顶部，主诉讼官司的案件一件接一件而来，并且土地财产损失败退。

四神乌石生点驳，家道终须见萧索。

【注解】

四神：指乾、坤、艮、巽四方。

乌石：黑暗色的石头。

生：产生。

点驳：黑白、青黄等斑点。

家道：家庭的运行轨道。

终：最终。

须：一定。

见：见到。

萧索：萧条、凄凉、冷清、败退。

乾、坤、艮、巽四方有黑暗色的石头或产生黑白、青蓝等斑点，家庭的运行轨道最终一定见到萧条败退。

一玑统天秀入云，龙头独步黄金门。

【注解】

一：指一个。

玑：乾峰，乾山的天星名称。

统天：占领空间很大，形容占地广阔。

秀：秀丽。

入云：高耸进入云霄。

龙头：万众的首领称为龙头，泛指状元。

独步：一个人走向。

黄金门：指皇帝宝殿。

一个乾峰占地广阔并秀丽地高耸进入云霄，主出状元，一个人走向皇帝宝殿。

若见低圆正而丽，定主科甲争魁名。

【注解】

若见：这是指在乾方如果看见。

低圆：低矮圆润的山峰。

正而丽：端正而秀丽。

定：一定。

科甲：古时以科举考试选人才，然后给予通过科举的人才一定的官职。

魁名：第一名。

争：争当。

在乾方如果看见低矮圆润、端正秀丽的山峰，主家一定在科举选拔中争当第一名。

乳峰低小富豪翁，世登要路夸玑峰。

【注解】

乳峰：像女人乳房形状的山峰。

低小：低矮细小。

富豪翁：指金钱多的人。

世：世间之人。

登：走向。

要路：本意指关键的道路，在这指富贵之路。

夸：夸奖，赞美。

玑峰：乾峰。

在乾方出现低矮细小如女人乳房形状的山峰，主出金钱多的人。世间之人走向富贵的路，都要夸奖赞美乾峰所起的作用。

阳璇双峙美无度，同玑入云生宰辅。

【注解】

阳璇：巽的天星名称，在这指巽峰。

双峙：指乾峰的对面有巽峰面对而立。

美：美妙。

无度：无法估量。

同：一起。

玑：指乾峰。

入云：耸立高起到云霄。

生：产生。

宰辅：辅助天子的宰相。

乾峰的对面有巽峰面对而立是美妙无法估量的，巽峰和乾峰一起高起耸立到云霄可产生辅助天子的宰相。

龙真局备造化工，定登台省位三公。

【注解】

龙真：这里指真龙结真龙穴。

局备：堂局完整周全。

造化：指正确立穴、绕减、立向、深浅控制、修补等人为的制造化育。

工：工作、功夫。

定登：一定登上。

台省：指内阁官员，相当于现在的省部级。

位：位置。

三公：泛指朝中大臣。

真龙结的真龙穴堂局完整周全，得到正确立穴、绕减、立向、深浅控制、修补等人为的制造化育，一定登上内阁官员的位置，进入朝中大臣三公的行列。

独有璇峰菱然起，经略之士断可拟。

【注解】

独：单独。

璇峰：指巽峰。

菱然：高大端庄的样子。

起：高起。

经略之土：懂经营统筹策划的高明谋士。

断可拟：断然可以确定。

单独有一个巽峰高大端庄而高起，出懂经营统筹策划的高明谋士是断然可以确定的。

参军司务小峰峦，低圆方正富而已。

【注解】

参军司务：在军中管纪律管粮草的小官。

小峰峦：细小高起的山峰。

低：低矮。

圆：指金形山。

方：指土形山。

正：端正。

富而已：发富不发贵。

在军中管纪律管粮草的小官是巽方细小高起的山峰所应，低矮的金形山或土形山端正地在巽方，只是发富而已。

一峰秀出一登科，双峰兄弟应双举。

【注解】

一峰：指巽方一个山峰。

秀：秀丽。

出：展现出来。

一登科：一人通过科考登上殿试。

双峰：指巽方出现并连在一起的两个山峰。

兄弟：指哥哥和弟弟两个人。

应：得到。

双举：两人通过科考双双走上当官的路。

巽方一个山峰秀丽地展现出来，主一人通过科考登上殿试。巽方出现并连在一起的两个山峰，主哥哥和弟弟两人通过科考走上当官的路。

远峰列笋天涯青，文与韩柳争齐名。

【注解】

远峰：指巽方远处的山峰。

列：排列。

笋：竹笋的样子，文笔峰的形状。

天涯：指远处。

青：青翠绿色。

文：指文章学问。

韩柳：指唐朝的韩愈、柳宗元两位大文豪。

齐名：等同的名声荣誉。

巽方远外的山峰排列像竹笋的样子并且呈青翠绿色，主文章学问和唐朝的韩愈、柳宗元两位大文豪有等同的名声荣誉。

砂朝水揖外孙贵，半子廊朝为官清。

【注解】

砂朝：在这指巽方无近案而有远朝之砂。

水揖：在这指巽方有水弯抱。

贵：发官贵。

半子：指女婿。

廊朝：指朝廷。

清：清廉公正。

巽方无近案而有远朝之砂，有水弯抱，主外孙发官贵，也主女婿在朝廷为官清廉公正。

更有如花女人好，夫勋子禄承恩荣。

【注解】

更有：甚至会有。

如花：美貌如花。

夫勋：其丈夫在朝廷为官建立功勋。

子禄：其儿子得奉禄。

承：得到。

恩荣：恩宠荣耀。

甚至会有美貌如花的女儿得到荫护的好处，其丈夫在朝廷为官建立功勋，其儿子得奉禄得到恩宠荣耀。

阳璇低伏阴璇耸，亦主亚榜称名经。

【注解】

阳璇：指巽山峰。

低伏：低矮平伏。

阴璇：辛的天星名称，在这指辛峰。

耸：耸立高起。

亦：也。

亚榜：第二名。

称：名扬天下。

名经：本意指有名的经典，泛指饱读诗书之意。

巽峰低矮平伏，辛峰耸立高起，也主科考得第二名并饱读诗书而名扬天下。

玄峰卓拔旌旗样，定出将军女为将。

【注解】

玄峰：指坤峰。

卓拔：卓立挺拔。

旌旗样：得胜之旗的样子。

定出：一定产生。

将军：统师军队的将军。

坤峰卓立挺拔如得胜之旗的样子，一定产生统师军队的女将军。

一峰端拱正如圭，三甲之中应及第。

【注解】

一峰：指一个坤峰。

端拱：端庄拱护。

正：正面。

如：好像。

圭：古代帝王诸侯举行礼仪时所用的玉器；上尖下方。

三甲：指中国封建社会的科举制度，古时以三甲科考层层选拔人才，先进行“乡试”（即省试），中试者称为举人；后把全国的举人集中到京城里举行“会试”，中试者在宫殿举行“殿会”，中榜者称为进士。根据成绩高低，进士又分为三等，即一甲、二甲、三甲。

应：应该。

及第：指科举考试应试中选。

一个坤峰端庄拱护并且上尖下方像圭的形状，在三甲科考层层选拔之中应该应试中选。

如旗斜欹不端严，巡警小官亦英锐。

【注解】

如：如果。

旗：旗形的山峰。

斜欹：歪斜侧面。

英：相貌英俊。

锐：原义是锋利，现指感觉灵敏、勇往直前的人。

如果坤方旗形的山峰歪斜侧面不端严，主出巡警小官，相貌英俊并且感觉灵敏、勇往直前。

乳峰低小都衙职，山名地母无亏失。

【注解】

乳峰：像女人乳房圆润的山峰。

低小：低矮细小。

职：职位、官职。

地母：坤卦的另一称号，坤代表地、代表母，大地和母亲是万物繁荣滋生的根源。

无：没有，不能。

亏失：亏损缺陷。

像女人乳房圆润的山峰低矮细小，主出都衙的官职，坤方山峰的名称叫地母，是不能有亏损缺陷的。

如或缺陷水来去，定以龙穴明去取。

【注解】

如：如果。

或：或者。

缺陷：指坤方缺陷。

水未去：指坤水来或坤水去。

定：决定。

以：根据。

龙穴：龙的穴位。

明：明确正确，趋吉避凶。

取：选择使用。

如果坤方缺陷或者坤水流来或者坤水流去，一定要根据龙的穴位趋吉避凶地选择使用。

龙神带得四金行，必主寡夭并尼僧。

【注解】

龙神：指坤龙。

带得：兼带有。

四金：指辰戌丑未四个金宿，辰和亢金宿相对应，戌和娄金宿相对应，丑和牛金宿相对应，未和鬼金宿相对应，辰戌丑未在天星都属金，所以称四金。

必：必然。

寡：寡妇。

夭：少年亡称夭。

尼僧：和尚和道士。

坤龙兼带有辰戌丑未四金行来受穴，必然主产生寡妇、少年亡、和尚、道士。

阳枢如笔列三台，三台齐秀催官巍。

【注解】

阳枢：艮的天星名称，指艮方。

如：好像。

笔：文笔。

列：排列。

三台：三个山峰并排或竖排在一起称三台。

齐：一齐。

秀：秀丽挺拔的样子。

巍：原指山高大，现形容位职位高的大官。

艮方的山峰好像文笔一样，并且三个文笔形山峰并排或竖排在一起，成三台之形，且都秀丽挺拔，则催发职位高的大官。

与国为姻食天禄，一峰独秀黄甲魁。

【注解】

国：泛指皇室，即皇帝的家庭。

姻：婚姻。

食：享用、享受。

天禄：皇家恩赐，优厚的俸禄。

一峰：在这指一个艮峰。

独秀：单独秀丽。

黄甲：科举甲科进士及第者的名单。因用黄纸书写，故叫黄甲。

魁：为首的，第一名。

和皇帝的家庭联姻而享受皇家恩赐优厚的俸禄，一个艮峰单独高耸秀丽如笔尖，则在科举甲科进士及第者中居第一名。

若然小峰积金帛，被石玷破催官颓。

【注解】

若然：如果。

小峰：在这指艮方是细小的山峰。

积：积聚。

金帛：金钱和布匹，泛指财富。

被石：指艮方是堆叠的石头。

玷破：沾污或破坏。

催官：催发官贵。

颓：失败。

如果艮方是细小的山峰，那么主可积聚许多财富。如果艮方是堆叠的石头形成难看的形状，则沾污了艮方，主催发官贵失败了。

阳枢低伏阴枢耸，亦主食禄休疑猜。

【注解】

阳枢：指艮峰。

低伏：低矮平伏。

阴枢：丙的天星名称，在这指丙峰。

耸：高起直立。

食禄：享用优厚的俸禄。

休：不要，不用。

疑：怀疑。

猜：猜测。

艮峰低矮平伏，丙峰高起直立，也主能享用优厚的俸禄，不用怀疑猜测的了。

四神八将应位起，龙真穴的齐庐崔。

【注解】

四神：指乾、坤、艮、巽四方。

八将：指甲、庚、壬、丙、乙、辛、丁、癸八方。

应位：对应它的位置。

起：高起成山峰。

龙真穴的：龙真穴位准确。

齐：相同，一样。

庐崔：官至宰相的大贵人，庐指庐促原，崔指崔琳。

四神八将的方位上有山峰对应而高起，并且来龙真、穴位准确，则出的贵人和官至宰相的庐促原、崔琳一样了。

太阳正火当星马，丁柳丙张更无价。

【注解】

太阳：午峰。

正火：南方火的中间。

当：当下，之下。

星马：指二十八宿中的星日马宿。

丁：丁峰。

柳：指二十八宿中的柳土獐宿。

丙：丙峰。

张：指二十八宿中的张月鹿宿。

更：更是。

无价：无法估量其价值。

午峰在南方火的中间，在二十八宿中星日马宿的照耀之下，丁峰在柳土獐宿的照耀之下，丙峰在张月鹿宿的照耀之下，这两峰更是无法估量其价值的。

火星宜起应天宿，仍观造化阴阳配。

【注解】

火星：指丙午丁三个火峰。

宜：应该。

起：高起。

应：对应，相应。

天宿：天上的星宿。

仍：仍然。

观：观察。

造化：自然安排和人为的造就化育。

阴阳配：阴阳配合。

丙午丁三峰应该高起和天上的星宿相应是最好的了，仍然要观察自然安排和人为的造就化育，使其阴阳配合。

离星高起乾壬明，泄制火气英贤生。

【注解】

离：午。

星：山峰。

高起：高耸直立起来。

乾壬：乾峰、壬峰。

明：明显看得见。

泄：泄去，我生者为泄，母生子而母弱。

制：克制。

英贤：英明的贤主。

生：产生。

午峰高耸直立起来，乾峰或壬峰也明显看得见，泄去克制住过猛的火气，则英明的贤主产生了。

火星不起官不显，不握重权或闲散。

【注解】

火星：指丙午丁三峰。

不起：不高起，不峻秀挺拔。

官：官职。

显：显达，显露。

握：掌握。

重权：重要重大的权力。

闲散：悠闲散漫。

丙午丁三峰不高起挺拔，则官职不显达，不掌握重大的权力或悠闲散漫。

火星水起日月明，亦主其家生子贵。

【注解】

火星水起：火星指丙午丁，水指壬子癸，火星水起指火星不高起而对面壬子癸峰高起。

日月：指卯、酉两峰，卯为震卦居正东，酉为兑卦居正酉，是太阳月亮出入的门户，所以日月代表卯酉。

明：明显，出现。

贵：显贵。

丙午丁三峰不高起，而对面壬子癸方的山峰高起，并且卯、酉两峰明显可见，也主其家生的儿子显贵。

日月不峙太阳高，太阳得水贵还豪。

【注解】

日月：指卯峰、酉峰。

不峙：因细小或没有而没有相对而立。

太阳：午峰。

高：高耸挺拔。

得水：得到水的滋润成水火相济之象。

贵还豪：显贵并且豪爽。

卯峰和酉峰因细小或没有而没有相对而立，只有午峰高耸挺拨，午峰的前面得到水的滋润成水火相济之象，则显贵并且豪爽。

赤蛇绕印如圆平，腰悬斗印才纵横。

【注解】

赤蛇：蛇的生肖是巳，指巳方。

赤蛇绕印：巳方有低小的小山墩叫赤蛇绕印。

圆：指山峰头圆成金形。

平：山峰头平成土形。

腰：腰部。

悬：悬挂。

斗印：官印的别称。

才：才能。

纵横：本意指纵向和横向，现形容纵横四海发展无阻。

巳方有低小的小山墩成头圆的金形或成头平的土形，主出腰里悬挂官印的大贵人，并且才能纵横四海发展无阻。

印笏居酉最为贵，枢璇丙丁生公卿。

【注解】

印：头圆或头平的小山墩。

笏：本意是古代大臣上朝拿的手板，此处指笏形山。

居酉：居于酉方。

贵：可贵。

枢：全名阳枢，指艮方。

璇：全名阳璇，指巽方。

生：产生。

头圆或头平的小山墩和笏形山居于西方，催发官贵是最贵的，头圆或头平的小山墩和笏形山在艮、巽、丙、丁方可产生公卿之贵。

印居寅甲出师巫，里巷厌听楞蒲声。

【注解】

印：头圆或头平的小山墩。

居：居于。

寅甲：寅方和甲方。

里巷：幽深偏僻的胡同。

厌听：讨厌听到。

楞蒲声：乃师巫做法事活动时手持楞蒲发出的声音。

头圆或头平的小山墩作为印居于寅方和甲方会产生巫师，幽深偏僻的胡同也会讨厌地听到巫师活动时手持楞蒲发出的声音。

阳光癸丑主堕胎，离印中子全家盲。

【注解】

阳光：指子方，二十八宿是虚火宿和危火宿管辖。

癸：女士宿管辖。

丑：牛金宿管辖。

主：主家。

离：指正午方。

印：头圆或头平的小山墩。

中子：中间的儿子。

盲：眼盲。

印位于子、癸、丑三方，主家会有流产堕胎之事。印位于正午方，中间的儿子全家眼盲。

鱼袋居西官易期，坎癸四墓为横尸。

【注解】

鱼袋：指鱼袋形的山。

居：居于。

西：西边。

官：升迁官职。

易期：容易期望到来，形容升迁官职迅速。

坎：指子方。

四墓：指辰、戌、丑、未四方。

为：作为，叫作。

横尸：指主在外受祸横死的横尸山。

鱼袋形的山居于西边，升迁官职迅速；鱼袋形的山位于子、癸、辰、戌、丑、未这六方作为横尸山，主在外受祸横死。

兜矛剑戈庚兑出，将军威武镇边夷。

【注解】

兜：古时士兵戴的头盔战帽。

矛：长柄有刀的刺杀兵器。

剑：长而有刃的兵器。

戈：枪头有枝的利刃。

庚兑：庚方和酉方。

出：出现。

镇：镇守保卫。

边夷：边疆敌人。

兜矛剑戈四种形状的山峰在庚方和酉方出现，主出威武的将军镇守保卫边疆。

牙刀四金屠刽见，判笔庚兑辛为奇。

【注解】

牙刀：一般在石山上方可见牙刀形的山峰。

四金：指辰戌丑未四方。

屠：屠夫。

刽：刽子手。

见：出现，看见。

判笔：判笔形的山峰。

兑：指酉。

奇：神奇。

牙刀形的山峰在辰戌丑未四方，主家会有屠夫、刽子手出现。判笔形的山峰在庚酉辛三个方位是神奇的，主出判官。

东南更点齐云霄，更兼阳关山拱卫。阴阳和合如友僚，君王启沃官班高。

【注解】

更点：指巽峰。

阳关：指酉峰。

拱卫：拱护保卫。

阴阳和合：巽峰主文为阴，酉峰主武为阳，有文有武则是阴阳和谐。

如友僚：和同朝为官的人相处好像和同心同德的朋友相处一样。

君王：指帝王。

启沃：经常提拔使用。

官班高：官位、官阶很高。

东南巽峰高起到云霄，又兼得酉峰拱护保卫穴场，巽峰和酉峰一文一武是阴阳和谐，主家和同朝为官的人相处好像和同心同德的朋友相处一样，经常得到帝王提拔使用，官位会很高。

阳衡压坟初年滞，阳关山陷因阵亡。

【注解】

阳衡：指卯方山峰。

压：高大而近则逼压。

滞：运气不畅，发展缓慢停滞。

阳关：指酉方。

陷：空缺失陷。

阵：阵地，战场。

亡：死亡。

卯方山峰高大而近，逼压坟墓，主初年运气不畅，发展缓慢停滞。西方山峰空缺失陷，会在阵地死亡。

画笔尖欹列寅甲，贼旗斜侧位魁罡。

【注解】

画笔：出画家的文笔山。

尖欹：头尖身歪侧。

列：排列。

寅甲：指寅甲方。

贼旗：出盗贼的旗形山。

斜侧：歪斜侧立。

位：位置。

魁：即戌方。

罡：即辰方。

出画家的文笔头尖身歪侧排列在寅甲方，出盗贼的旗形山歪斜侧立位于戌方和辰方。

魁罡高耸压坟宅，出贼乞丐沿街坊。

【注解】

魁：指戌方。

罡：指辰方。

高耸：高大耸立。

压：逼压。

坟宅：坟墓和阳宅。

贼：盗贼。

沿：沿着。

戌方和辰方的山峰高大耸立，并且很靠近逼压坟墓和阳宅，主出盗贼和乞丐沿着街坊游荡。

四金砂陷风一入，翻棺覆椁人遭殃。

【注解】

四金：指辰、戌、丑、未四方。

砂陷：山峰空缺低陷。

入：吹入。

翻棺覆椁：棺材翻动颠倒位移。

遭：遭受。

殃：灾殃。

辰、戌、丑、未四方的山峰空缺低陷，则风从辰、戌、丑、未四方吹入，主棺材翻动颠倒位移，主家的人遭受灾殃。

权枢阳巩山若陷，禄马不起金皆平。

【注解】

权：指午方。

枢：指艮方。

阳玑：指乾方。

若：如果。

陷：空缺失陷。

禄：指艮，禄神。

马：指午，驿马。

不起：不高起。

金皆：指贵人。

平：平伏不高起。

午方、艮方和乾方的山峰如果空缺失陷，那是禄神驿马不高起，贵人也平伏不高起。

禄神缺陷马空依，催官贵禄山低头。虽有文章不显达，官不食禄名虚称。

【注解】

禄神：艮丙为禄神。

缺陷：空缺失陷。

马空依：指午方和壬方空缺无依靠。

禄山：指乾、甲、巽、辛四方的山峰。

低头：低矮不抬头。

有文章：本意是文章写得好，形容有才华。

显达：显露发达。

官不食禄：形容当官有其名却无实权，不能享用相应的奉禄。

名虚称：虚名虚利而已。

禄神艮方和丙方空缺失陷，驿马午方和壬方空缺无依靠，催官贵禄的乾、甲、巽、辛方低矮不抬头，虽然文章写得好有才华也不显露发达，当官也是有其名却无实权，不能享用相应的奉禄，只是虚名虚利而已。

龙穴局势无亏失，吉星到位官可必。

【注解】

龙穴：来龙真穴位准确。

局势：堂局形势。

无亏失：没有亏损失陷。

吉星：指禄马贵三星，禄指艮丙，马指午壬，贵指乾甲巽辛。

到位：在其位高起。

官可必：官位是可以预测必然来到的。

来龙真穴位准确，堂局形势没有亏损失陷，禄马贵三吉星在其位高起，那么官位是可以预测必然来到的。

吉星或见有高低，便以高下论消息。

【注解】

吉星：禄马贵三吉星。

或见：在不同穴位看见。

有高低：有高有低。

高：高者为最吉。

下：低者为次吉。

论：来推断。

消息：指富贵吉利程度的大小。

禄马贵三吉星在不同穴位看见有高有低，便以高者最吉低者次吉来推断其富贵吉利程度的大小。

太乙天乙真文笔，曜气交腾状元出。

【注解】

太乙：辛位上的文笔。

天乙：巽位上的文笔。

曜气交腾：指辛位上的文笔和巽位上的文笔同时高起耸立互相照耀。

出：产生。

辛位上的文笔和巽位上的文笔才是真文笔，辛位上的文笔和巽位上的文笔同时高起耸立、互相照耀，主产生状元之才。

山形虽美位凶方，亦恐岁久非忠赤。

【注解】

美：美好。

位：位置。

凶方：指煞方和泄方。

亦：也。

恐：恐怕。

岁久：时间久了。

非：不。

忠赤：赤诚忠于护主之意。

山峰和形状虽然美好可位置在煞方和泄方，恐怕时间久了其峰也不会赤诚忠心护主而为凶祸了。

得位失位孰去取，总把龙神变规矩。

【注解】

得位：得到吉位。

失位：得到凶位。

孰：凭什么。

取：取用。

龙神变：龙气是龙的精神，立向不同则所接的龙气不同，龙神变在这指立向变化。

砂峰得到吉位或得到凶位凭什么去判断取用呢？总是依据立向变化来

定砂失位得位的规矩。

详龙审穴辨砂水，此是曾杨彻骨语。

【注解】

详龙：详细地考究来龙。

审穴：认真地审察穴位。

辨砂水：仔细分辨周围的山峰和来去水。

曾杨：指曾文迪和杨筠松。

彻骨语：真心真意讲到骨子的话。

详细地考究来龙，认真地审察穴位，仔细分辨周围山峰和来去水，这是曾文迪杨筠松两位先师真心真意讲到骨子的话。

世降风移民不淳，大地相逢莫轻许。

【注解】

世降风移：时代变化，其民风也跟着变化。

民：这个人。

淳：淳良朴实善良。

莫：不要。

轻许：轻易许诺告诉他。

时代变化其民风也跟着变化，如果这个人不淳良朴实善良，那么大地被你相遇看见了也不要轻易许诺告诉他。

卷四　评水章

催官之水唯三阳，水朝砂秀官爵强。

【注解】

催官：催发官贵。

三阳：指巽水、丙水、丁水。

水朝：指逆面流来。

砂秀：在这指巽丙丁三方的砂峰秀丽。

官爵：官的等级。

强：很高。

催发官贵的水首推巽水、丙水和丁水，巽、丙、丁三水逆面流来或左右流来，并且巽丙丁三方的砂峰秀丽，主官的等级很高。

阳璇水朝文笔起，少年科甲夸文章。

【注解】

阳璇：巽的天星名称。

水朝：水逆面流来或从左右流来。

文笔起：文笔形的山峰高起。

少年：形容年纪很轻。

科甲：登科发甲之意。登科相当于现在的考试过关得文凭，发甲意思是当官了。

夸：被人夸奖。

文章：形容才学很好。

巽方水逆面流来或从左右流来，并且巽方有文笔形的山峰高起，主年纪很轻就登科发甲，被人夸奖才学很好。

若见双峰列云汉，兄弟联名亲御翰。

【注解】

若见：如果看见。

双峰：两个并联山峰。

列：排列。

云汉：高起插入云霄，形容很高。

亲：亲近，到达。

御翰：为皇帝服务的翰林院。

如果看见巽方出现两个并联山峰一起高起插入云霄，主兄弟两个联名进入为皇帝服务的翰林院当官。

有砂无水亦尊荣，砂水并朝更为冠。

【注解】

有砂无水：指巽方有砂峰秀起而无水流来。

亦：也。

尊荣：尊贵荣耀，官贵的象征。

砂水并朝：指巽方有砂峰秀起并且有巽水流来。

冠：第一。

巽方有砂峰秀起而无水流来，也主尊贵荣耀有官贵；巽方有砂峰秀起，并且有巽水流来，其尊贵荣耀更是第一的。

男为驸马女为妃，中男季子夸门楣。

【注解】

驸马：皇帝公主的丈夫。

妃：皇帝的妃子。

中男：中间房份的男子。

季子：年龄最小的一个儿子。

夸：被人夸奖。

门楣：家门。

男的可成为驸马，女的可成为皇帝的妃子，中间房份的男子或年龄最小的一个儿子发富贵，被人夸奖，成为家门的荣耀。

三阳无砂水不贵，只主姻亲发财利。

【注解】

三阳：指巽、丙、丁方。

无砂：没有秀丽山峰。

水不贵：只有水流来是不催发官贵的。

姻亲：由婚姻关系而结成好婚姻、好亲戚。

发财利：发财顺利。

巽、丙、丁三阳之方没有秀丽的山峰，只有水流来，是不催发官贵的，只是主由婚姻关系而结成好婚姻、好亲戚和发财顺利。

穴乘兑亥阳璇朝，玉堂金马多名誉。

【注解】

穴乘：穴位乘接。

兑：西龙之气。

亥：亥龙之气。

阳璇朝：指巽水逆面流来或从左右流来。

玉堂金马：玉堂指汉代殿名，金马是汉代宫门名，也叫“金门”。玉堂金马比喻才学优异而富贵显达。

多名誉：声誉很好。

穴位乘接酉龙之气或亥龙之气，并得到巽水逆面流来或从左右流来，主才学优异而富贵显达，并且声誉很好。

艮龙璇水为福轻，最喜庚辛丙丁注。

【注解】

璇水：指巽水逆面流来或左右流来。

福轻：原意是福气轻微，实指富贵不大易发易衰。

注：逆面流来或左右流来。

艮龙见巽水逆面流来或左右流来则福气轻微，艮龙最喜欢庚水、辛水、丙水、丁水逆面流来或左右流来。

阴枢南极水洋洋，四神八将砂苍苍。策射金门期第一，定主微垣作良弼。

【注解】

阴枢：指丙方。

南极：指丁方。

水洋洋：形容水流来很大的样子。

四神：指乾坤艮巽四方。

八将：指甲庚壬丙乙辛丁癸八方。

苍苍：茂盛，众多的样子。

砂苍苍：指众多的砂峰。

策射：原指策划击射，在这引申为科考竞争。

金门：指科考试场。

期：期望。

微垣：指皇帝居住之地，泛指皇家。

良弼：良臣辅佐。

丙方或丁方有水流来很大的样子，四神八将的方位有众多的砂峰，在科考试场竞争中可以期望名魁第一，一定在皇家身边作为辅佐的良臣。

二宫有水名赦文，永无凶祸临家门。蚕姑缫丝白如雪，班衣戏采娱晨昏。

【注解】

二宫：指丙丁二宫。

蚕姑：原指采蚕的姑娘，现代表勤劳贤淑的女人。

缫丝：指头发。

白如雪：像雪一样白。

班衣戏采：指二十四孝里孝而开心的老莱子，泛指孝而开朗的男人。

娱：娱乐开心。

晨昏：白天黑夜。

丙丁二宫有水流来，名字叫做赦文，主永远没有凶祸光临家门，主勤劳贤淑女人的头发因长寿而像雪一样白，主孝而开朗的男人开心娱乐在每个白天黑夜。

三阳水朝归鬼乡，义门寿孝同休光。

【注解】

三阳水：指巽丙丁三水。

朝：左右流来或逆面流来。

归：最后流出。

鬼乡：指未方。

义：忠义。

寿：长寿。

孝：孝顺。

同：全部。

休光：消失没有了。

巽丙丁三水左右流来或逆面流来，最后流出未方，忠义长寿孝顺全部消失没有了。

阴璇水朝进金宝，亦主如花女人好。

【注解】

阴璇：指辛。

朝：从左右流来或逆面流来。

进：收入。

金宝：代表钱财。

亦：也。

如花：美貌如花。

辛水从左右流来或从逆面流来，主收入钱财多，也主出美貌如花的好女人。

穴乘大乙东南龙，水朝砂秀登科早。

【注解】

大乙：指巽。

水朝砂秀：指辛方水流来，并且砂峰秀丽。

登科：科举考中进士。

早：指年轻时。

穴位乘接东南方的巽龙之气，辛方有水流来，并且砂峰秀丽，主年轻时科举考中进士。

若还水自太微朝，亦主出人长寿考。但嫌砂碎似鹅头，风流女人多颠倒。

【注解】

太微：指丙。

寿考：高寿。

嫌：嫌弃。

但：承上启下。

砂碎：砂峰破碎。

似鹅头：像鹅头形状。

风流：乱伦淫乱。

颠倒：违背常道、正理。

穴乘巽龙之气，如果水从丙方流来或逆面流来，也主出人长寿，但嫌弃砂峰破碎和砂峰像鹅头形状，主女人乱伦淫乱而违背常道、正理。

兑龙切忌阳璇水，必主徒刑没荒草。

【注解】

兑：酉。

阳璇：巽。

徒刑：因官司而被监禁、流放、处死刑等。

没：淹没。

荒：坟头无后人祀拜，长满了荒草。

穴乘酉龙之气，切忌巽水流来或逆面流来，必然因官司而被监禁、流放或处死刑而坟头无后人祀拜，长满了荒草。

天汉天命水朝坟，敌国豪富真无伦。

【注解】

天汉：指庚。

天命：指卯。

水朝：水从左右流来或逆面流来。

敌国豪富：指富可敌国。

无伦：无可匹比。

庚水或卯水从坟墓的左右流来或从坟墓的逆面流来，主富可敌国，真是无可匹比的。

震庚有峰入云汉，英雄将师麾三军。

【注解】

震：指卯。

云汉：形容山峰高大插入云霄。

麾：指挥。

卯方或庚方有高大山峰插入云霄，主出英雄将师指挥三军。

天汉天关水流入，难免刑戮灾纷纷。

【注解】

天汉：指庚。

天关：指申。

刑：刑罚。

戮：被屠杀。

庚和申两水一起流入，难免被刑罚被屠杀，灾难纷纷到来。

阳衡水朝主骤富，龙轻砂碎招淫奔。

【注解】

阳衡：指卯。

骤富：迅速致富。

龙轻：龙力轻弱。

砂碎：砂峰破碎。

招：招来。

淫奔：淫邪私奔。

卯水在左右流来或逆面流来，主迅速致富；龙力轻弱，砂峰破碎，会招来男女淫邪私奔。

切忌剥龙入坤度，定主刑戮牢灾迍。

【注解】

剥：剥换。

坤度：地盘是坤的度数。

刑：刑罚。

戮：被屠杀。

牢灾：牢狱之灾。

迍：困顿失意。

卯水在左右流来或逆面流来，切忌龙剥换到坤龙受穴，一定主刑罚被屠杀，有灾狱之灾，困顿失意。

阳枢有水入明堂，粟陈贯朽珠称光。

【注解】

阳枢：指艮方。

入：进入。

粟陈贯朽：原指米粟进仓久而陈旧，贯钱的丝线久不用而腐烂，形容财粮富足。

珠称光：形容珠宝很多。

艮方有水进入到明堂，主出财粮富足珠宝很多的巨富。

天屏天皇水来去，财禄人家有优裕。

【注解】

天屏：指巳，天星名称。

天皇：指亥，天星名称。

优裕：指充足有余。

巳水、亥水流来或流去，主出有钱财厚禄的人家，其财富充足有余。

开屏水入少微龙，离龙亥水刑相同。

【注解】

天屏：指巳。

少微：指酉。

离：指午。

刑：刑戮之灾。

巳水流入酉龙受穴，主有刑戮之灾，午龙受穴亥水流入的刑戮和巳水流入酉龙受穴的刑戮是相同的。

鬼牛来去非为吉，念经寡妖常逢凶。

【注解】

鬼：指未，二十八宿里鬼金宿和未对应。

牛：指丑。

念经：指念经的和尚和尼姑。

寡：指寡妇鳏夫。

妖：怪异的人。

未水和丑水不管流来或流去都不是吉祥的，主出和尚、尼姑、寡妇、鳏夫、怪异的人并常遇到凶祸。

鬼流来去龙入震，霹雳白昼惊西东。来主家豪去即败，人家定少期颐翁。

【注解】

鬼：指未。

入：剥换进入。

震：指卯。

霹雳：雷击的声音。

白昼：指白天。

惊：令人惊恐。

西东：西方、东方。

人家：指这个家族、家庭。

期颐：原指年龄在百岁及以上的老人。现指长寿的人。

翁：老头儿。

未水流来或流去，龙剥换进入卯龙受穴，会在白天被雷击于西方或东方，令人惊恐。未水流来家庭富豪，未水流去家庭败绝，这个家族一定少长寿的老头儿。

玄戈洋洋入坟宅，高堂红粉悲无穷。

【注解】

玄戈：指坤。

洋洋：形容水较大或一大片的样子。

入：流入明堂。

高堂：指家里老妇人。

红粉：指年轻的女孩。

悲无穷：悲伤是无穷无尽的。

坤水较大或一大片流入到坟墓、家宅的明堂，主家里的老妇人和年轻的女孩悲伤是无穷无尽的。

掀裙献花砂拱位，妇女不洁招淫风。

【注解】

掀裙：掀裙形状的山，也叫掀裙砂。

献花：献花形状的砂，也叫献花砂。

拱位：在其位拱起。

不洁：不贞洁。

招：招来。

淫风：淫荡之风。

掀裙砂和献花砂在坤位拱起，妇女不贞洁，招来淫荡之风。

若见圆峰盂钵样，定出尼姑与和尚。

【注解】

若见：如果看见。

圆峰：指坤位有头部稍平的小圆峰。

盂钵样：像盂钵形状。

如果看见坤位有头部稍平的小圆峰像盂钵形状，一定出尼姑与和尚。

阳权阴权互相向，有水特朝乃为上。

【注解】

阳权：指午。

阴权：指壬。

互相向：指午和壬互相为向，也就是午龙作壬向或壬龙作午向。

特朝：特意逆面流来。

乃：才。

为：是。

上：上吉、上品。

午和壬互相为向，也就是午龙作壬向或壬龙作午向，有水特意逆面流来才是上吉的。

阴阳砂秀入青云，及第为官至卿相。

【注解】

阴阳：有水潮有砂护是有阴有阳。

砂秀：砂峰秀丽。

青云：高空的云。

及第：指科举考试应试中选。

卿相：指某朝代的执政大臣高官。

有水潮有砂护并且砂峰秀丽高耸插入高空的云，主科举考试应试中选，为官可至相当于执政大臣的高官。

有砂无水亦登科，有水无砂唯富旺。

【注解】

有砂无水：指壬龙午向见壬砂不见水，或午龙壬向见午砂不见水。

亦：也。

登科：科举考中进士。

有水无砂：指壬龙午向见午水潮不见砂，或午龙壬向见壬水潮不见砂。

惟：只是。

富旺：钱财旺盛。

壬龙午向见壬砂不见水，或午龙壬向见午砂不见水，也主科举考中进士。壬龙午向见午水潮不见砂，或午龙壬向见壬水潮不见砂，只是钱财旺盛而已。

阳权阴光互相向，砂水并朝总宜葬。

【注解】

阳权：指午。

阴光：指癸。

互相向：指午龙作癸向，癸龙作午向。

并：一起。

朝：向着，对着。

宜：适宜。

葬：迁葬的。

午、癸互相为向，即午龙作癸向或癸龙作午向，砂峰和水一起向着穴位，总是适宜迁葬的。

离龙坎水近君门，阳局易发亦易衰。

【注解】

离：指午。

坎：指子。

近：靠近。

君门：皇宫之门，亦指京城。

阳局：立向为阳局。

易发：容易发福。

易衰：容易衰败。

午龙子水来，为官可靠近皇宫之门；立向为阳局，容易发福，也容易衰败。

亢娄流注非吉地，少亡悖逆非忠贞。

【注解】

亢：指辰，亢金宿和辰相应。

娄：指戌，娄金宿和戌相应。

流：流来。

注：集中于。

少亡：少年亡。

悖逆：叛逆违背正道。

忠贞：忠诚坚贞。

辰戌水流来或水集中于辰戌方，都不是吉祥的地，主少年亡，叛逆违背正道，没有忠诚坚贞之人。

阳关懒缓亢水入，缺唇露齿含糊声。

【注解】

阳关：指酉。

懒缓：无力平缓。

亢水：辰水。

含糊声：讲话不清楚。

酉龙无力平缓，行龙受穴而辰水流来，主出缺嘴唇、露出牙齿、讲话不清楚的人。

坎龙亢水忌来去，全家受戮无余丁。

【注解】

坎龙：指子龙。

亢水：指辰水。

来去：流来或流去。

受戮：受屠杀。

子龙受穴切忌辰水流来或流去，主全家受屠杀，没有剩余人丁。

四金朝流并坐向，痼疾横逆家伶仃。

【注解】

四金：指辰戌丑未。

朝：逆面流来。

流：左右流来。

坐向：代表穴位。

痼疾：经久难治愈的病。

横逆：指赖皮或无理取闹的人。

伶仃：孤苦无依靠。

辰戌丑未方有水逆面流来或左右流向穴位的坐向，主得经久难治愈的病，出赖皮或无理取闹的人，而家庭孤苦无依靠。

四金对射风入局，翻棺覆椁灾非轻。

【注解】

四金对射风：穴场的辰戌方、丑未方空缺就形成四金对射风。

入：吹入。

局：代表穴位，因穴位要有局堂方成穴。

翻棺：棺木翻转。

覆椁：金斗倾倒。

灾非轻：灾难是不轻的。

穴场的辰戌方、丑未方空缺就形成四金对射风吹入穴场，主棺木翻转、金斗倾倒，其灾难是不轻的。

功曹传送水来去，阳局山水吉无虑。

【注解】

功曹：指寅。

传送：指申。

水来去：水流来或流去。

阳局：阳水来立阳向为阳局。

吉：吉祥。

无虑：没有忧虑了。

寅水和申水流来或流去，阳水来立向为阳向，那么山水是吉祥没有忧虑的了。

行龙博换入正东，切忌水流传送宫。

【注解】

正东：指卯方。

传送宫：指申宫。

行龙剥换进入正东卯方而受穴，切忌水从申宫位流来。

离壬来去离乡邑，阴巩天棓生盲疯。

【注解】

离：午。

离乡邑：离别故乡。

阴巩：指甲。

天棓：指寅。

盲：眼盲。

疯：疯癫之病，精神失常，神经错乱的精神病。

午水和壬水流来或流去都有离别故乡之应，甲寅水一齐流来会产生眼盲、疯癫之人。

天官来去招继赘，坎癸病肿忧冲冲。双生子女家渐退，缢亡水厄灾危重。

【注解】

天官：指乙。

来去：流来或流去。

招继赘：女人招女婿上门继承香火。

坎：指子。

病肿：黄肿病。

忧冲冲：忧愁重重。

缢亡：自缢而死亡。

水厄：被水溺死。

灾危重：灾难危险重重。

乙水流来或流去，主招女婿上门继承香火。子癸水一齐流来在立向破局，则有黄肿之病，忧愁重重。以双生子女为应，家境会渐渐败退，会有自缢死亡和被水溺死之应，其灾难危险重重。

水流北极肃杀位，襟怀鄙琐无宽洪。若还来去跛能履，鳏寡继赘人无踪。

【注解】

北极肃杀位：指乾方，乾为北极紫微，所以北极指的是乾。万物战乎乾，所以肃杀位也是指乾。

襟怀：胸襟，胸怀。

鄙琐：粗俗小气。

跛：跛脚。

能履：能穿鞋子走路。

鳏：无妻的男人，即鳏夫。

寡：寡妇。

水从北极肃杀位的乾方流来或积聚，主胸怀粗俗小气，没有宽洪大量。如果乾方的水流来或流去，在立向破局时出能穿鞋走路的跛脚之人，主鳏夫寡妇继赘而人丁渐渐没有踪迹。

乾亥双行因瘵夭，戌乾暗哑并盲聋。

【注解】

乾亥双行：乾亥两水一齐流来。

因：因为。

瘵：指痨病。

夭：死亡。

戌乾：指戌乾两水一齐流来。

暗：愚昧。

哑：哑巴。

盲：眼盲。

聋：耳聋。

乾亥两水一齐流来，主因为痨病而死亡；戌乾两水一齐流来，会产生愚昧、哑巴、眼盲、耳聋的人。

坎龙离水入酉兑，淫奔必主期桑中。

【注解】

坎：子。

离：午。

入：流入。

兑：酉。

淫奔：风流淫欲之风盛行。

必：必然。

期桑中：男女不依礼法的交合。

子龙受穴午水流来然后流入到西边的酉方，主风流淫欲之风盛行男女必然不依礼法而交合。

坎离阳朝破阴局，咸池水映桃花红。

【注解】

坎离：子龙受穴午水来。

破：破坏。

阴局：立向是阴向为阴局。

咸池：又名桃花。

映：照映。

桃花红：因风流淫欲引起的血光之灾。

子龙受穴午水流来，是阳水流来破坏了立向为阴向的阴局，桃花水照映出因风流淫欲引起的血光之灾。

巽巳兼朝破阳局，那堪太乙起雌峰。香闺有女颜如玉，堕胎玷污春风容。

【注解】

巽巳兼朝：巽兼巳水从左右流来或逆面流来。

破：破坏。

阳局：立向为阳向叫阳局。

大乙：指巽方。

起：高起。

雌峰：指金水土形的山峰。火木形状的山峰为雄峰，金水土形状的山峰为雌峰。

香闺：家里。

颜如玉：面貌像玉一样温润美丽。

玷污：因偷情而污损家风。

春风：比喻男女间的欢爱。

容：包含。

巽兼巳水从左右流来或逆面流来，破坏了立向为阳向的阳局，哪堪巽方高起金水土形的山峰，主家里有女儿容貌像玉一样温润美丽，主有流产堕胎、偷情、男女欢爱之事污损家风。

游魂阴枢水兼入，寅午戌岁烧天红。葬法若注兑亥气，回禄杀制应潜踪。

【注解】

游魂：指午。

阴枢：指丙。

寅午戌岁：指寅午戌的年份。

烧天红：有火灾把天都烧红了。

注：注入。

兑：酉。

回禄：指火灾。

杀：劫杀。

应：应该。

潜踪：潜伏消失无踪迹了。

午兼丙水一齐流入到明堂，在寅午戌的年份里会有火灾把天都烧红了，葬法里如果注入酉气和亥气，那么火灾的劫杀应该潜伏消失无踪迹了。

阴光牵牛入坟宅，随母改嫁亡姻宗。少亡毒药因女祸，兄弟屠戮交相攻。

【注解】

阴光：指癸。

牵牛：指丑。

入：流向。

坟宅：坟墓和阳宅。

亡：同“忘”，忘记。

姻：泛指亲戚。

宗：祖宗。

少亡：少年亡。

毒药：被毒药害死。

因女祸：因为女人而受祸。

屠戮：杀戮。

交相攻：互相攻击争斗。

癸兼丑水流向坟墓和阳宅，主随母改嫁忘记了亲戚和祖宗，主少年亡或被毒药害死或因女人而受祸，也主兄弟互相杀戮，互相攻击争斗。

黄泉曜气最凶恶，阴阳混杂家零落。

【注解】

黄泉：指黄泉水。

曜气：即八煞水。

阴阳混杂：阴水和阳水混杂。

家：家庭。

零落：衰颓败落。

黄泉水和八煞水流来或潮来是最凶恶的，阴水和阳水混杂流来或潮来家庭会衰颓败落。

行龙关节带微浠，受穴朝流亦差错。

【注解】

关节：指过峡束气。

带：带有。

微浠：指细微的玄机。

受穴：指穴位的接脉乘气。

朝：逆面流来之水。

流：左右流来之水。

亦：也。

差错：过失错误。

行龙和过峡束气带有细微的玄机，穴位的接脉乘气和逆面流来之水或左右流来之水一样犯黄泉、八煞，阴阳驳杂也是错误的。

龙真局备砂水环，攀龙附凤良非难。

【注解】

龙真：指真龙穴。

局备：堂局完备无空缺。

砂水环：砂峰和水围绕。

攀龙附凤：比喻依附帝王以成就功业或扬威。亦比喻依附有声望的人以立名。

良：诚然，的确。

非难：不是困难的。

真龙穴堂局完备无空缺，砂峰和水围绕，依附帝王以成就功业得富贵的确不是困难的。

真龙迢迢穴奇巧，到头伪气非纯完。三阳六秀砂水助，博龙合矩方为官。

【注解】

迢迢：弯曲起伏的样子。

穴奇巧：穴位奇异巧妙。

到头：龙脉到穴星的头顶。

伪气：由阴龙变阳脉或由阳龙变阴脉变为伪气受穴。

非：不是。

纯完：纯粹完善的。

三阳：指巽丙丁。

六秀：指艮酉丙丁巽辛。

合矩：指符合规矩的真气处。

方：才能。

官：催官当官。

真龙行来弯曲起伏穴位奇异巧妙，由阴龙变阳脉或由阳龙变阴脉，化为伪气受穴，不是纯粹完善的。得到三阳六秀方的砂峰和水相助，龙剥换到符合规矩的真气处方能催官。

正面特朝固为美，傍朝叶吉梯云端。

【注解】

正面：穴的前面。

特朝：特意逆面潮来。

固：固然。

为：是。

美：美妙的。

傍朝：从旁边左右流来。

叶：通“亦”，笔者私自推测可能是笔误，应该是“傍朝亦吉”。

梯：梯田。

云端：形容在高处。

穴的前面有水特意逆面潮来固然是美妙的，从旁边左右流来或从高处像梯田一样层层流来也是吉祥的。

抱城绕穴须为吉，真流合矩朝天关。

【注解】

抱城绕穴：来水是抱城水，围绕着穴位。

须：必然。

为：是。

吉：吉祥。

直流：水直流而去。

合矩：符合规矩。

朝：流向。

天关：原指地势险要的关隘，现指交牙关锁的水口。

来水是抱城水，围绕着穴位，必然是吉祥的。水直流而去，符合规矩，流向交牙关锁的水口。

来似之玄抱如带，流非吉位家贫寒。

【注解】

来：来水。

似：象。

之：之字形。

玄：玄字形。

抱如带：水围抱如腰带。

流：水流来的位置。

非：不是。

来水呈之字形或玄字形围抱，像腰带一样，水流来的位置不是吉位，其家庭也会贫寒。

反似弯弓直如泻，庚震六秀多官班。

【注解】

反：水反弓。

弯弓：似弯弓的背。

直：水直流。

如泻：像倾泻一样。

六秀：指艮丙丁酉巽辛。

多：多数。

官班：不同等级位次的官职。

水反弓像弯弓的背或直流像倾泻一样，但水流来的位置在庚、卯、艮、丙、丁、酉、巽、辛之位，多数能出不同等级位次的官职。

穴高朝流要长远，富贵易致人安康。潮流高低与穴

等，骤发官贵非为难。

【注解】

穴高：穴位在高处。

朝流：水逆面流来或从左右流来。

易致：容易到来。

安康：安全健康。

等：相称。

骤：迅速、很快。

非为难：不是困难的。

穴位在高处，水逆面潮来或从左右流来要长远，这样富贵容易到来并且人也安全健康。水流来的高低要和穴的高低相称，这样迅速催发官贵不是困难的。

催官秘诀止于斯，慎勿浪与时人传。

【注解】

催官：催发富贵。

秘诀：隐秘的诀窍。

止：停止。

斯：这里。

慎：小心谨慎。

勿：不要。

浪：没有约束，随便。

时人：原指同时代的人，在这指心术不正、无德的人。

传：传授。

催发富贵的隐秘诀窍写到这里就停止了，小心谨慎不要顺便传授给心术不正、无德的人。

北京学易斋书目

书　　名	作　者	定　价	版别
影印涵芬楼本正统道藏 [宣纸线装;全 512 函 1120 册]	[明]张宇初编	480000.00	九州
影印涵芬楼本正统道藏 [道林纸线装;全 512 函 1120 册]	[明]张宇初编	280000.00	九州
易藏[宣纸线装;全 50 函 200 册]	编委会主编	98000.00	九州
重刊术藏[精装全 100 册]	编委会主编	68000.00	九州
续修术藏[精装全 100 册]	编委会主编	68000.00	九州
易藏[精装全 60 册]	编委会主编	48000.00	九州
道藏[精装全 60 册]	编委会主编	48000.00	九州
御制本草品汇精要[彩版 8 函 32 册]	(明)刘文泰等著	18000.00	海南
御纂医宗金鉴[20 函 80 册]	(清)吴谦等著	28000.00	海南
影宋刻备急千金要方[4 函 16 册]	(唐)孙思邈著	2380.00	海南
影元刻千金翼方[2 函 12 册]	(唐)孙思邈著	2380.00	海南
芥子园画传[彩版 3 函 13 册]	(清) 李渔纂辑	3800.00	华龄
十竹斋书画谱[彩版 2 函 12 册]	(明) 胡正言编印	2800.00	华龄
影印明天启初刻武备志[精装全 16 册]	(明) 茅元仪撰	13800.00	华龄
药王千金方合刊[精装全 16 册]	(唐)孙思邈著	13800.00	华龄
焦循文集[精装全 18 册,库存 1 套]	[清]焦循撰	9800.00	九州
邵子全书[精装全 16 册]	[宋]邵雍撰	12800.00	九州
子部珍本 1:校正全本地学答问	1 函 3 册	680.00	华龄
子部珍本 2:赖仙原本催官经	1 函 1 册	280.00	华龄
子部珍本 3:赖仙催官篇注	1 函 1 册	280.00	华龄
子部珍本 4:尹注赖仙催官篇	1 函 1 册	280.00	华龄
子部珍本 5:赖仙心印	1 函 1 册	280.00	华龄
子部珍本 6:新刻赖太素天星催官解	1 函 2 册	480.00	华龄
子部珍本 7:天机秘传青囊内传	1 函 1 册	280.00	华龄
子部珍本 8:阳宅斗首连篇秘授	1 函 1 册	280.00	华龄
子部珍本 9:精刻编集阳宅真传秘诀	1 函 2 册	480.00	华龄
子部珍本 10:秘传全本六壬玉连环	1 函 2 册	480.00	华龄
子部珍本 11:秘传仙授奇门	1 函 2 册	480.00	华龄
子部珍本 12:祝由科诸符秘卷秘旨合刊	1 函 2 册	480.00	华龄
子部珍本 13:校正古本入地眼图说	1 函 2 册	480.00	华龄
子部珍本 14:校正全本钻地眼图说	1 函 2 册	480.00	华龄
子部珍本 15:赖公七十二葬法	1 函 2 册	480.00	华龄
子部珍本 16:杨筠松秘传开门放水阴阳捷径	1 函 2 册	480.00	华龄
子部珍本 17:校正古本地理五诀	1 函 2 册	480.00	华龄
子部珍本 18:重校古本地理雪心赋	1 函 2 册	480.00	华龄

书　　名	作　者	定　价	版别
子部珍本 19:吴景鸾先天后天理气心印补注	1 函 1 册	280.00	华龄
子部珍本 20:宋国师吴景鸾秘传夹竹梅花院纂	1 函 2 册	480.00	华龄
子部珍本 21:影印原本任铁樵注滴天髓阐微	1 函 4 册	1080.00	华龄
子部珍本 22:地理真宝一粒粟	1 函 1 册	280.00	华龄
子部珍本 23:聚珍全本天机一贯	1 函 3 册	680.00	华龄
子部珍本 24:阴宅造福秘诀	1 函 1 册	280.00	华龄
子部珍本 25:增补诹吉宝镜图	1 函 2 册	480.00	华龄
子部珍本 26:诹吉便览宝镜图	1 函 1 册	280.00	华龄
子部珍本 27:诹吉便览八卦图	1 函 1 册	280.00	华龄
子部珍本 28:甲遁真授秘集	1 函 4 册	880.00	华龄
子部珍本 29:太上祝由科	1 函 2 册	680.00	华龄
子部珍本 30:邵康节先生心易梅花数	1 函 1 册	280.00	华龄
子部善本 1:新刊地理玄珠(需预订)	2 函 10 册	3000.00	华龄
子部善本 2:参赞玄机地理仙婆集(需预订)	2 函 8 册	2400.00	华龄
子部善本 3:章仲山地理九种(需预订)	1 函 5 册	1500.00	华龄
子部善本 4:八门九星阴阳二遁全本奇门断	2 函 18 册	5400.00	华龄
子部善本 5:六壬统宗大全(需预订)	2 函 6 册	1800.00	华龄
子部善本 6:太乙统宗宝鉴(需预订)	2 函 8 册	2400.00	华龄
子部善本 7:重刊星海词林(需预订)	14 函 56 册	16800.00	华龄
子部善本 8:万历初刻三命通会(需预订)	2 函 12 册	3600.00	华龄
子部善本 9:增广沈氏玄空学(需预订)	2 函 8 册	2400.00	华龄
子部善本 10:江公择日秘稿(需预订)	2 函 6 册	1800.00	华龄
子部善本 11:刘氏家藏阐微通书(需预订)	3 函 12 册	3600.00	华龄
子部善本 12:影印增补高岛易断(需预订)	2 函 8 册	2400.00	华龄
子部善本 13:清刻足本铁板神数(需预订)	3 函 13 册	3900.00	华龄
子部善本 14:增订天官五星集腋(需预订)	2 函 10 册	3000.00	华龄
子部善本 15:太乙奇门六壬兵备统宗(需预订)	9 函 36 册	10800.00	华龄
子部善本 16:御定景祐奇门大全(需预订)	8 函 32 册	9600.00	华龄
子部善本 17:地理四秘全书十二种(需预订)	4 函 16 册	4800.00	华龄
子部善本 18:全本地理统一全书(需预订)	3 函 15 册	4500.00	华龄
子部善本 19:廖公画策扒砂经(需预订)	1 函 4 册	1200.00	华龄
子部善本 20:明刊玉髓真经(需预订)	7 函 21 册	6300.00	华龄
子部善本 21:蒋大鸿家藏地学捷旨(需预订)	1 函 4 册	1200.00	华龄
子部善本 22:阳宅安居金镜(需预订)	1 函 4 册	1200.00	华龄
子部善本 23:新刊地理紫囊书(需预订)	2 函 6 册	1800.00	华龄
子部善本 24:地理大成五种(需预订)	8 函 24 册	7200.00	华龄
子部善本 25:初刻鳌头通书大全(需预订)	2 函 10 册	3000.00	华龄
子部善本 26:初刻象吉备要通书大全(需预订)	3 函 12 册	3600.00	华龄
子部善本 27:武英殿板钦定协纪辨方书	8 函 24 册	7200.00	华龄
子部善本 28:初刻陈子性藏书(需预订)	2 函 6 册	1800.00	华龄

书名	作者	定价	版别
重刻故宫藏百二汉镜斋秘书四种(一):火珠林	1函1册	300.00	华龄
重刻故宫藏百二汉镜斋秘书四种(二):灵棋经	1函1册	300.00	华龄
重刻故宫藏百二汉镜斋秘书四种(三):滴天髓	1函1册	300.00	华龄
重刻故宫藏百二汉镜斋秘书四种(四):测字秘牒	1函1册	300.00	华龄
中外戏法图说:鹅幻汇编鹅幻余编合刊	1函3册	780.00	华龄
连山[一函一册]	[清]马国翰辑	280.00	华龄
归藏[一函一册]	[清]马国翰辑	280.00	华龄
周易虞氏义笺订[一函六册]	[清]李翊灼订	1180.00	华龄
周易参同契通真义	1函2册	480.00	华龄
御制周易[一函三册]	武英殿影宋本	680.00	华龄
宋刻周易本义[一函四册]	[宋]朱熹撰	980.00	华龄
易学启蒙[一函二册]	[宋]朱熹撰	480.00	华龄
易余[一函二册]	[明]方以智撰	480.00	九州
奇门鸣法	[一函二册]	680.00	华龄
奇门衍象	[一函二册]	480.00	华龄
奇门枢要	[一函二册]	480.00	华龄
奇门仙机[一函三册]	王力军校订	298.00	华龄
奇门心法秘纂[一函三册]	王力军校订	298.00	华龄
御定奇门秘诀[一函三册]	[清]湖海居士辑	680.00	华龄
宫藏奇门大全[线装五函二十五册]	[清]湖海居士辑	6800.00	星易
遁甲奇门秘传要旨大全[线装二函十册]	[清]范阳耐寒子辑	6200.00	星易
增广神相全编[线装一函四册]	[明]袁珙订正	980.00	星易
龙伏山人存世文稿[五函十册]	[清]矫子阳撰	2800.00	九州
奇门遁甲鸣法[一函二册]	[清]矫子阳撰	680.00	九州
奇门遁甲衍象[一函二册]	[清]矫子阳撰	480.00	九州
奇门遁甲枢要[一函二册]	[清]矫子阳撰	480.00	九州
遯甲括囊集[一函三册]	[清]矫子阳撰	980.00	九州
增注蒋公古镜歌[一函一册]	[清]矫子阳撰	180.00	九州
古本皇极经世书[一函三册]	[宋]邵雍撰	980.00	九州
明抄真本梅花易数[一函三册]	[宋]邵雍撰	480.00	九州
订正六壬金口诀[一函六册]	[清]巫国匡辑	1280.00	华龄
六壬神课金口诀[一函三册]	[明]适适子撰	298.00	华龄
改良三命通会[一函四册,第二版]	[明]万民英撰	980.00	华龄
增补选择通书玉匣记[一函二册]	[晋]许逊撰	480.00	华龄
绘图全本鲁班经匠家镜	1函4册	680.00	华龄
菊逸山房地理正书(天函):地理点穴撼龙经	1函3册	680.00	华龄
菊逸山房地理正书(地函):秘藏疑龙经大全	1函1册	280.00	华龄
菊逸山房地理正书(人函):杨公秘本山法备收	1函1册	280.00	华龄
青囊海角经	1函4册	680.00	华龄
阳宅三要	1函3册	298.00	华龄

书　名	作　者	定　价	版别
子部珍本备要(宣纸线装)		分函售价	九州
001 岣嵝神书	1 函 1 册	280.00	九州
002 地理啖蔗録	1 函 4 册	880.00	九州
003 地理玄珠精选	1 函 4 册	880.00	九州
004 地理琢玉斧峦头歌括	1 函 4 册	880.00	九州
005 金氏地学粹编	3 函 8 册	1840.00	九州
006 风水一书	1 函 4 册	880.00	九州
007 风水二书	1 函 4 册	880.00	九州
008 增注周易神应六亲百章海底眼	1 函 1 册	280.00	九州
009 卜易指南	1 函 1 册	280.00	九州
010 大六壬占验	1 函 1 册	280.00	九州
011 真本六壬神课金口诀	1 函 3 册	680.00	九州
012 太乙指津	1 函 2 册	480.00	九州
013 太乙金钥匙 太乙金钥匙续集	1 函 1 册	280.00	九州
014 奇门遁甲占验天时	1 函 2 册	480.00	九州
015 南阳掌珍遁甲	1 函 1 册	280.00	九州
016 达摩易筋经 易筋经外经图说 八段锦	1 函 1 册	280.00	九州
017 钦天监彩绘真本推背图	1 函 2 册	680.00	九州
018 清抄全本玉函通秘	1 函 3 册	680.00	九州
019 灵棋经	1 函 1 册	280.00	九州
020 道藏灵符秘法	4 函 9 册	2100.00	九州
021 地理青囊玉尺度金针集	1 函 6 册	1280.00	九州
022 奇门秘传九宫纂要	1 函 1 册	280.00	九州
023 影印清抄耕寸集一真本子平真诠	1 函 2 册	480.00	九州
024 新刊合并官板音义评注渊海子平	1 函 2 册	480.00	九州
025 影抄宋本五行精纪	1 函 6 册	1080.00	九州
026 影印明刻阴阳五要奇书 1一郭氏阴阳元经	1 函 2 册	480.00	九州
027 影印明刻阴阳五要奇书 2一克择璇玑括要	1 函 1 册	280.00	九州
028 影印明刻阴阳五要奇书 3一阳明按索图	1 函 2 册	480.00	九州
029 影印明刻阴阳五要奇书 4一佐玄直指	1 函 2 册	480.00	九州
030 影印明刻阴阳五要奇书 5一三白宝海钩玄	1 函 1 册	280.00	九州
031 相命图诀许负相法十六篇合刊	1 函 1 册	280.00	九州
032 玉掌神相神相铁关刀合刊	1 函 1 册	280.00	九州
033 古本太乙淘金歌	1 函 1 册	280.00	九州
034 重刊地理葬埋黑通书	1 函 2 册	480.00	九州
035 壬归	1 函 2 册	480.00	九州
036 大六壬苗公鬼撮脚二种合刊	1 函 1 册	280.00	九州
037 大六壬鬼撮脚射覆	1 函 2 册	480.00	九州
038 大六壬金柜经	1 函 1 册	280.00	九州
039 纪氏奇门秘书仕学备余	1 函 1 册	280.00	九州

书　　名	作　者	定　价	版别
040 八门九星阴阳二遁全本奇门断	2 函 18 册	3680.00	九州
041 李卫公奇门心法	1 函 1 册	280.00	九州
042 武侯行兵遁甲金函玉镜海底眼	1 函 1 册	280.00	九州
043 诸葛武侯奇门千金诀	1 函 1 册	280.00	九州
044 隔夜神算	1 函 1 册	280.00	九州
045 地理五种秘笈合刊	1 函 1 册	280.00	九州
046 地理雪心赋句解	1 函 2 册	480.00	九州
047 九天玄女青囊经	1 函 1 册	280.00	九州
048 考定撼龙经	1 函 1 册	280.00	九州
049 刘江东家藏善本葬书	1 函 1 册	280.00	九州
050 杨公六段玄机赋杨筠松安门楼玉辇经合刊	1 函 1 册	280.00	九州
051 风水金鉴	1 函 1 册	280.00	九州
052 新镌碎玉剖秘地理不求人	1 函 2 册	480.00	九州
053 阳宅八门金光斗临经	1 函 1 册	280.00	九州
054 新镌徐氏家藏罗经顶门针	1 函 2 册	480.00	九州
055 影印乾隆丙午刻本地理五诀	1 函 4 册	880.00	九州
056 地理诀要雪心赋	1 函 2 册	480.00	九州
057 蒋氏平阶家藏善本插泥剑	1 函 1 册	280.00	九州
058 蒋大鸿家传地理归厚录	1 函 1 册	280.00	九州
059 蒋大鸿家传三元地理秘书	1 函 1 册	280.00	九州
060 蒋大鸿家传天星选择秘旨	1 函 1 册	280.00	九州
061 撼龙经批注校补	1 函 4 册	880.00	九州
062 疑龙经批注校补一全	1 函 1 册	280.00	九州
063 种筠书屋较订山法诸书	1 函 2 册	480.00	九州
064 堪舆倒杖诀 拨砂经遗篇 合刊	1 函 1 册	280.00	九州
065 认龙天宝经	1 函 1 册	280.00	九州
066 天机望龙经刘氏心法 杨公骑龙穴诗合刊	1 函 1 册	280.00	九州
067 风水一夜仙秘传三种合刊	1 函 1 册	280.00	九州
068 新镌地理八窍	1 函 2 册	480.00	九州
069 地理解醒	1 函 1 册	280.00	九州
070 峦头指迷	1 函 3 册	680.00	九州
071 茅山上清灵符	1 函 2 册	480.00	九州
072 茅山上清镇禳摄制秘法	1 函 1 册	280.00	九州
073 天医祝由科秘抄	1 函 2 册	480.00	九州
074 千镇百镇桃花镇	1 函 2 册	480.00	九州
075 轩辕碑记医学祝由十三科治病奇书合刊	1 函 1 册	280.00	九州
076 清抄真本祝由科秘诀全书	1 函 3 册	680.00	九州
077 增补秘传万法归宗	1 函 2 册	480.00	九州
078 祝由科诸符秘卷祝由科诸符秘旨合刊	1 函 1 册	280.00	九州
079 辰州符咒大全	1 函 4 册	880.00	九州

书　　名	作　者	定　价	版别
080 万历初刻三命通会	2 函 12 册	2480.00	九州
081 新编三车一览子平渊源注解	1 函 3 册	680.00	九州
082 命理用神精华	1 函 3 册	680.00	九州
083 命学探骊集	1 函 1 册	280.00	九州
084 相诀摘要	1 函 2 册	480.00	九州
085 相法秘传	1 函 1 册	280.00	九州
086 新编相法五总龟	1 函 1 册	280.00	九州
087 相学统宗心易秘传	1 函 2 册	480.00	九州
088 秘本大清相法	1 函 2 册	480.00	九州
089 相法易知	1 函 1 册	280.00	九州
090 星命风水秘传	1 函 1 册	280.00	九州
091 大六壬隔山照	1 函 2 册	480.00	九州
092 大六壬考正	1 函 1 册	280.00	九州
093 大六壬类阐	1 函 2 册	480.00	九州
094 六壬心镜集注	1 函 1 册	280.00	九州
095 遁甲吾学编	1 函 2 册	480.00	九州
096 刘明江家藏善本奇门衍象	1 函 1 册	280.00	九州
097 遁甲天书秘文	1 函 2 册	480.00	九州
098 金枢符应秘文	1 函 2 册	480.00	九州
099 秘传金函奇门隐遁丁甲法书	1 函 2 册	480.00	九州
100 六壬行军指南	2 函 10 册	2080.00	九州
101 家藏阴阳二宅秘诀线法	1 函 2 册	480.00	九州
102 阳宅一书阴宅一书合刊	1 函 1 册	280.00	九州
103 地理法门全书	1 函 1 册	280.00	九州
104 四真全书玉钥匙	1 函 1 册	280.00	九州
105 重刊官板玉髓真经	1 函 4 册	880.00	九州
106 明刊阳宅真诀	1 函 2 册	480.00	九州
107 阳宅指南	1 函 1 册	280.00	九州
108 阳宅秘传三书	1 函 1 册	280.00	九州
109 阳宅都天滚盘珠	1 函 1 册	280.00	九州
110 纪氏地理水法要诀	1 函 1 册	280.00	九州
111 李默斋先生地理辟径集	1 函 2 册	480.00	九州
112 李默斋先生辟径集续篇 地理秘缺	1 函 2 册	480.00	九州
113 地理辨正自解	1 函 1 册	280.00	九州
114 形家五要全编	1 函 4 册	880.00	九州
115 地理辨正抉要	1 函 1 册	280.00	九州
116 地理辨正揭隐	1 函 1 册	280.00	九州
117 地学铁骨秘	1 函 1 册	280.00	九州
118 地理辨正发秘初稿	1 函 1 册	280.00	九州
119 三元宅墓图	1 函 1 册	280.00	九州

书　　名	作　者	定　价	版别
120 参赞玄机地理仙婆集	2函8册	1680.00	九州
121 幕讲禅师玄空秘旨浅注外七种	1函1册	280.00	九州
122 玄空挨星图诀	1函1册	280.00	九州
123 影印稿本玄空地理筌蹄	1函1册	280.00	九州
124 玄空古义四种通释	1函2册	480.00	九州
125 地理疑义答问	1函1册	280.00	九州
126 王元极地理辨正冒禁录	1函1册	280.00	九州
127 王元极校补天元选择辨正	1函3册	680.00	九州
128 王元极选择辨真全书	1函1册	280.00	九州
129 王元极增批地理冰海原本地理冰海合刊	1函1册	280.00	九州
130 王元极三元阳宅萃篇	1函2册	480.00	九州
131 尹一勺先生地理精语	1函1册	280.00	九州
132 古本地理元真	1函2册	480.00	九州
133 杨公秘本搜地灵	1函1册	280.00	九州
134 秘藏千里眼	1函1册	280.00	九州
135 道光刊本地理或问	1函1册	280.00	九州
136 影印稿本地理秘诀	1函2册	480.00	九州
137 地理秘诀隔山照 地理括要 合刊	1函1册	280.00	九州
138 地理前后五十段	1函2册	480.00	九州
139 心耕书屋藏本地经图说	1函1册	280.00	九州
140 地理古本道法双谭	1函1册	280.00	九州
141 奇门遁甲元灵经	1函1册	280.00	九州
142 黄帝遁甲归藏大意 白猿真经 合刊	1函1册	280.00	九州
143 遁甲符应经	1函2册	480.00	九州
144 遁甲通明钤	1函1册	280.00	九州
145 景祐奇门秘纂	1函2册	480.00	九州
146 奇门先天要论	1函2册	480.00	九州
147 御定奇门古本	1函2册	480.00	九州
148 奇门吉凶格解	1函1册	280.00	九州
149 御定奇门宝鉴	1函3册	680.00	九州
150 奇门阐易	1函2册	480.00	九州
151 六壬总论	1函1册	280.00	九州
152 稿抄本大六壬翠羽歌	1函1册	280.00	九州
153 都天六壬神课	1函1册	280.00	九州
154 大六壬易简	1函2册	480.00	九州
155 太上六壬明鉴符阴经	1函1册	280.00	九州
156 增补关煞袖里金百中经	1函1册	280.00	九州
157 演禽三世相法	1函2册	480.00	九州
158 合婚便览 和合婚姻咒 合刊	1函1册	280.00	九州
159 神数十种	1函1册	280.00	九州

书　　名	作　者	定　价	版别
160 神机灵数一掌经金钱课合刊	1函1册	280.00	九州
161 阴阳二宅易知录	1函2册	480.00	九州
162 阴宅镜	1函2册	480.00	九州
163 阳宅镜	1函1册	280.00	九州
164 清精抄本六圃地学	1函1册	280.00	九州
165 形峦神断书	1函1册	280.00	九州
166 堪舆三昧	1函1册	280.00	九州
167 遁甲奇门捷要	1函1册	280.00	九州
168 奇门遁甲备览	1函1册	280.00	九州
169 原传真本石室藏本圆光真传秘诀合刊	1函1册	280.00	九州
170 明抄全本壬归	1函4册	880.00	九州
171 董德彰水法秘诀水法断诀合刊	1函1册	280.00	九州
172 董德彰先生水法图说	1函1册	280.00	九州
173 董德彰先生泄天机纂要	1函2册	480.00	九州
174 李默斋先生地理秘传	1函2册	480.00	九州
175 新锓希夷陈先生紫微斗数全书	1函3册	680.00	九州
176 海源阁藏明刊麻衣相法全编	1函2册	480.00	九州
177 袁忠彻先生相法秘传	1函3册	680.00	九州
178 火珠林要旨 筮杙	1函2册	480.00	九州
179 火珠林占法秘传 续筮杙	1函1册	280.00	九州
180 六壬类聚	1函4册	880.00	九州
181 新刻麻衣相神异赋	1函1册	280.00	九州
182 诸葛武侯奇门遁甲全书	1函2册	480.00	九州
183 张九仪传地理偶摘	1函1册	280.00	九州
184 张九仪传地理偶注	1函1册	280.00	九州
185 阳宅玄珠	1函1册	280.00	九州
186 阴宅总论	1函1册	280.00	九州
187 新刻杨救贫秘传阴阳二宅便用统宗	1函1册	280.00	九州
188 增补理气图说	1函2册	480.00	九州
189 增补罗经图说	1函1册	280.00	九州
190 重镌官板阳宅大全	1函4册	880.00	九州
191 景祐太乙福应经	1函1册	280.00	九州
192 景祐遁甲符应经	1函3册	680.00	九州
193 景祐六壬神定经	1函3册	680.00	九州
194 御制禽遁符应经	1函2册	480.00	九州
195 秘传匠家鲁班经符法	1函3册	680.00	九州
196 哈佛藏本太史黄际飞注天玉经	1函1册	280.00	九州
197 李三素先生红囊经解	1函1册	280.00	九州
198 杨曾青囊天玉通义	1函1册	280.00	九州
199 重编大清钦天监焦秉贞彩绘历代推背图解	1函2册	680.00	九州

书　　名	作　者	定　价	版别
200 道光初刻相理衡真	1函4册	880.00	九州
201 新刻袁柳庄先生秘传相法	1函3册	680.00	九州
202 袁忠彻相法古今识鉴	1函2册	480.00	九州
203 袁天纲五星三命指南	1函2册	480.00	九州
204 新刻五星玉镜	1函3册	680.00	九州
205 游艺录:箴遁壬行年斗数相宅	1函1册	280.00	九州
206 新订王氏罗经透解	1函2册	480.00	九州
207 堪舆真诠	1函3册	680.00	九州
208 青囊天机奥旨二种	1函1册	280.00	九州
209 张九仪传地理偶录	1函1册	280.00	九州
210 地学形势集	1函8册	1680.00	九州
211 神相水镜集	1函4册	880.00	九州
212 稀见相学秘笈四种合刊	1函2册	480.00	九州
213 神相金较剪	1函1册	280.00	九州
214 神相证验百条	1函2册	480.00	九州
215 全本神相全编	1函3册	680.00	九州
216 神相全编正义	1函3册	680.00	九州
217 八宅明镜	1函2册	480.00	九州
218 阳宅卜居秘髓	1函3册	680.00	九州
219 地理乾坤法窍	1函3册	680.00	九州
220 秘传廖公画筴拨砂经	1函4册	880.00	九州
221 地理囊金集注	1函1册	280.00	九州
222 赤松子罗经要旨	1函1册	280.00	九州
223 萧仙地理心法堪舆经	1函2册	480.00	九州
224 新刻地理搜龙奥语	1函2册	480.00	九州
225 新刻风水珠神真经	1函2册	480.00	九州
226 寻龙点穴地理索隐	1函1册	280.00	九州
227 杨公撼龙经考注	1函2册	480.00	九州
228 李德贞秘授三元秘诀	1函1册	280.00	九州
229 地理支陇乘气论	1函2册	480.00	九州
230 道光刻全本相山撮要	2函6册	1500.00	九州
231 药王真传祝由科全编	1函1册	280.00	九州
232 梵音斗科符箓秘书	1函2册	580.00	九州
233 御定奇门灵占	1函4册	880.00	九州
234 御定奇门宝镜图	1函2册	480.00	九州
235 汇纂大六壬玉钥匙心诀	1函1册	280.00	九州
236 补完直解六壬五变中黄经	1函2册	480.00	九州
237 六壬节要直讲	1函2册	480.00	九州
238 六壬神课捷要占验	1函1册	280.00	九州
239 六壬袖传神课捷要	1函1册	280.00	九州

书　　名	作　者	定　价	版别
240 秘藏大六壬大全善本	2 函 8 册	1800.00	九州
241 阳宅藏书	1 函 2 册	480.00	九州
242 阳宅觉元氏新书	1 函 1 册	280.00	九州
243 阳宅拾遗	1 函 2 册	480.00	九州
244 阳基集腋	1 函 2 册	480.00	九州
245 阴阳二宅指正	1 函 2 册	480.00	九州
246 九天玄妙秘书内经	1 函 1 册	280.00	九州
247 青乌葬经葬经翼	1 函 1 册	280.00	九州
248 阳宅六十四卦秘断	1 函 1 册	280.00	九州
249 杨曾地理秘传捷诀	1 函 3 册	680.00	九州
250 三元堪舆秘笈救败全书	1 函 4 册	880.00	九州
251 纪氏地理末学	1 函 2 册	480.00	九州
252 堪舆说原	1 函 1 册	280.00	九州
253 河洛正变喝穴集	1 函 1 册	280.00	九州
254 太上洞玄灵宝素灵真符	1 函 1 册	280.00	九州
255 道家神符霹咒秘传	1 函 1 册	280.00	九州
256 堪舆秘传六十四论记师口诀	1 函 2 册	480.00	九州
257 相法秘笈太乙照神经	1 函 3 册	680.00	九州
258 哈佛藏子平格局解要	1 函 2 册	480.00	九州
259 三车一览命书详论	1 函 2 册	480.00	九州
260 万历初刊平学大成	1 函 4 册	880.00	九州
261 古本推背图说	1 函 2 册	680.00	九州
262 董氏诹吉新书	1 函 2 册	480.00	九州
263 蒋大鸿四十八局图	1 函 1 册	280.00	九州
264 阳宅紫府宝鉴	1 函 2 册	480.00	九州
265 宅经类纂	1 函 3 册	680.00	九州
266 杨公画筴图	1 函 1 册	280.00	九州
267 刘江东秘传金函经	1 函 1 册	280.00	九州
268 茔元总录	1 函 2 册	480.00	九州
269 纪氏奇门占验奇门遁甲要略合刊	1 函 1 册	280.00	九州
270 奇门统宗大全	1 函 4 册	880.00	九州
271 刘天君祛治符法秘卷	1 函 3 册	680.00	九州
272 圣济总录祝由术全编	1 函 2 册	480.00	九州
273 子平星学精华	1 函 1 册	280.00	九州
274 紫微斗数命理宣微	1 函 1 册	280.00	九州
275 火珠林卦爻精究集	1 函 2 册	480.00	九州
276 韩图孤本奇门秘要	1 函 1 册	280.00	九州
277 哈佛藏明抄六壬断易秘诀	1 函 1 册	280.00	九州
278 大六壬会要全集	1 函 3 册	680.00	九州
279 乾隆初刊六壬视斯	1 函 2 册	480.00	九州

书　名	作　者	定　价	版别
280 精抄历代六壬占验汇选	2 函 6 册	1280.00	九州
281 张九仪先生东湖地学	1 函 1 册	280.00	九州
282 张九仪先生东湖砂法	1 函 1 册	280.00	九州
283 张九仪先生东湖水法	1 函 1 册	280.00	九州
284 姚氏地理辨正图说	1 函 1 册	280.00	九州
285 地理辨正补注	1 函 2 册	480.00	九州
286 地理丛谈元运发微	1 函 1 册	280.00	九州
287 元空宅法举隅	1 函 1 册	280.00	九州
288 平洋地理玉函经	1 函 1 册	280.00	九州
289 元空法鉴三种	1 函 3 册	680.00	九州
290 蒋大鸿先生地理合璧	2 函 7 册	1480.00	九州
291 新刊地理五经图解	1 函 3 册	680.00	九州
292 三元地理辨惑	1 函 1 册	280.00	九州
293 风水内传秘旨	1 函 1 册	280.00	九州
294 杜氏地理图说	1 函 2 册	480.00	九州
295 地学仁孝必读	1 函 5 册	1080.00	九州
296 地理秘珍	1 函 2 册	480.00	九州
297 秘传四课仙机水法	1 函 1 册	280.00	九州
298 地理辨正图诀	1 函 1 册	280.00	九州
299 灵城精义笺	1 函 1 册	280.00	九州
300 仰山子新辑地理条贯	2 函 6 册	1280.00	九州
301 秘传堪舆经传类纂	1 函 1 册	280.00	九州
302 秘传堪舆论状类纂	1 函 1 册	280.00	九州
303 秘传堪舆秘书类纂	1 函 1 册	280.00	九州
304 秘传堪舆诗赋歌诀类纂	1 函 2 册	480.00	九州
305 秘传堪舆问答类纂	1 函 1 册	280.00	九州
306 秘传堪舆杂录类纂	1 函 2 册	480.00	九州
307 秘传堪舆辨惑类纂	1 函 1 册	280.00	九州
308 秘传堪舆断诀类纂	1 函 1 册	280.00	九州
309 秘传堪舆穴法类纂	1 函 1 册	280.00	九州
310 秘传堪舆葬法类纂	1 函 1 册	280.00	九州
311 大六壬兵占三种	1 函 2 册	480.00	九州
312 大六壬秘书四种	1 函 2 册	480.00	九州
313 大六壬毕法注解	1 函 1 册	280.00	九州
314 大六壬课体订讹	1 函 1 册	280.00	九州
315 大六壬类占	1 函 2 册	480.00	九州
316 大六壬全编	1 函 2 册	480.00	九州
317 大六壬杂释	1 函 1 册	280.00	九州
318 大六壬心镜	1 函 2 册	480.00	九州
319 六壬灵课玉洞金书	1 函 1 册	280.00	九州

书　　名	作　者	定　价	版别
320 六壬通仙	1 函 4 册	880.00	九州
321 五种秘窍全书－1－地理秘窍	1 函 1 册	280.00	九州
322 五种秘窍全书－2－选择秘窍	1 函 4 册	880.00	九州
323 五种秘窍全书－3－天星秘窍	1 函 1 册	280.00	九州
324 五种秘窍全书－4－罗经秘窍	1 函 4 册	880.00	九州
325 五种秘窍全书－5－奇门秘窍	1 函 2 册	480.00	九州
326 新编杨曾地理家传心法捷诀一贯堪舆	2 函 8 册	1780.00	九州
327 玉函铜函真经阴阳剪裁图注	1 函 3 册	680.00	九州
328 新刻石函平砂玉尺经全书	1 函 2 册	480.00	九州
329 三元通天照水经	1 函 2 册	480.00	九州
330 堪舆经书	1 函 5 册	1080.00	九州
331 神相汇编	1 函 2 册	480.00	九州
332 管辂神相秘传	1 函 1 册	280.00	九州
333 冰鉴秘本七篇月波洞中记合刊	1 函 1 册	280.00	九州
334 太清神鉴录	1 函 2 册	480.00	九州
335 新刊京本厘正总括天机星学正传	2 函 10 册	2180.00	九州
336 新监七政归垣司台历数袖里璇玑	1 函 4 册	880.00	九州
337 道藏古本紫微斗数	1 函 2 册	480.00	九州
338 增补诸家选择万全玉匣记	1 函 2 册	480.00	九州
339 杨公造命要诀	1 函 1 册	280.00	九州
340 造命宗镜	1 函 6 册	1280.00	九州
341 上清灵宝济度金书符咒大成	2 函 9 册	1980.00	九州
342 青城山铜板祝由十三科	1 函 2 册	480.00	九州
343 抄本祝由科别传	1 函 1 册	280.00	九州
344 遁甲演义	1 函 2 册	480.00	九州
345 武侯奇门遁甲玄机赋	1 函 1 册	280.00	九州
346 北法变化禽书	1 函 1 册	280.00	九州
347 卜筮全书	1 函 6 册	1280 .00	九州
348 卜筮正宗	1 函 4 册	880.00	九州
349 易隐	1 函 4 册	880.00	九州
350 野鹤老人占卜全书	1 函 5 册	1280.00	九州
351 地理会心集	1 函 2 册	480.00	九州
352 罗经会心集	1 函 2 册	480.00	九州
353 阳宅会心集	1 函 1 册	280.00	九州
354 秘传图注龙经全集	1 函 3 册	680.00	九州
355 地理精微集	1 函 2 册	480.00	九州
356 地理拾铅峦头理气合编	1 函 2 册	480.00	九州
357 萧客真诀	1 函 1 册	280.00	九州
358 地理铁案	1 函 2 册	480.00	九州
359 秘传四神课书仙机消纳水法	1 函 2 册	480.00	九州

书　　名	作　者	定　价	版别
360 蒋大鸿先生地理真诠	2 函 7 册	1480.00	九州
361 蒋大鸿仙诀小引	1 函 1 册	280.00	九州
362 管氏地理指蒙	1 函 1 册	280.00	九州
363 原本山洋指迷	1 函 2 册	480.00	九州
364 形家集要	1 函 1 册	280.00	九州
365 重镌地理天机会元	3 函 15 册	3080.00	九州
366 地理方外别传	1 函 2 册	480.00	九州
367 堪舆至秘旅寓集	1 函 1 册	280.00	九州
368 堪舆管见	1 函 1 册	280.00	九州
369 四神秘诀	1 函 2 册	480.00	九州
370 地理辨正补	1 函 3 册	680.00	九州
371 金书秘奥地理一片金合刊	1 函 1 册	280.00	九州
372 阳宅玉髓真经阴宅制煞秘法合刊	1 函 1 册	280.00	九州
373 堪舆至秘旅寓集 堪舆秘传	1 函 1 册	280.00	九州
374 地学杂钞连珠水法合刊	1 函 1 册	280.00	九州
375 黄妙应仙师五星仙机制化砂法	1 函 2 册	480.00	九州
376 造葬便览	1 函 1 册	280.00	九州
377 大六壬秘本	1 函 2 册	480.00	九州
378 太乙统类	1 函 1 册	280.00	九州
379 新雕注疏珞琭子三命消息赋	1 函 1 册	280.00	九州
380 新编四家注解经进珞琭子消息赋	1 函 2 册	480.00	九州
381 清代民间实用灵符汇编	1 函 2 册	680.00	九州
382 王国维批校宋本焦氏易林	1 函 2 册	480.00	九州
383 新刊应验天机易卦通神	1 函 1 册	280.00	九州
384 新镌周易数	1 函 5 册	1080.00	九州
增补四库青乌辑要[,全 18 函 59 册]	郑同校	11680.00	九州
第 1 种:宅经[1 册]	[署]黄帝撰	180.00	九州
第 2 种:葬书[1 册]	[晋]郭璞撰	220.00	九州
第 3 种:青囊序青囊奥语天玉经[1 册]	[唐]杨筠松撰	220.00	九州
第 4 种:黄囊经[1 册]	[唐]杨筠松撰	220.00	九州
第 5 种:黑囊经[2 册]	[唐]杨筠松撰	380.00	九州
第 6 种:锦囊经[1 册]	[晋]郭璞撰	200.00	九州
第 7 种:天机贯旨红囊经[2 册]	[清]李三素撰	380.00	九州
第 8 种:玉函天机素书/至宝经[1 册]	[明]董德彰撰	200.00	九州
第 9 种:天机一贯[2 册]	[清]李三素撰辑	380.00	九州
第 10 种:撼龙经[1 册]	[唐]杨筠松撰	200.00	九州
第 11 种:疑龙经葬法倒杖[1 册]	[唐]杨筠松撰	220.00	九州
第 12 种:疑龙经辨正[1 册]	[唐]杨筠松撰	200.00	九州
第 13 种:寻龙记太华经[1 册]	[唐]曾文辿撰	220.00	九州
第 14 种:宅谱要典[2 册]	[清]铣溪野人校	380.00	九州

书　　名	作　者	定　价	版别
第 15 种:阳宅必用[2 册]	心灯大师校订	380.00	九州
第 16 种:阳宅撮要[2 册]	[清]吴鼒撰	380.00	九州
第 17 种:阳宅正宗[1 册]	[清]姚承舆撰	200.00	九州
第 18 种:阳宅指掌[2 册]	[清]黄海山人撰	380.00	九州
第 19 种:相宅新编[1 册]	[清]焦循校刊	240.00	九州
第 20 种:阳宅井明[2 册]	[清]邓颖出撰	380.00	九州
第 21 种:阴宅井明[1 册]	[清]邓颖出撰	220.00	九州
第 22 种:灵城精义[2 册]	[南唐]何溥撰	380.00	九州
第 23 种:龙穴砂水说[1 册]	清抄秘本	180.00	九州
第 24 种:三元水法秘诀[2 册]	清抄秘本	380.00	九州
第 25 种:罗经秘传[2 册]	[清]傅禹辑	380.00	九州
第 26 种:穿山透地真传[2 册]	[清]张九仪撰	380.00	九州
第 27 种:催官篇发微论[2 册]	[宋]赖文俊撰	380.00	九州
第 28 种:入地眼神断要诀[2 册]	清抄秘本	380.00	九州
第 29 种:玄空大卦秘断[1 册]	清抄秘本	200.00	九州
第 30 种:玄空大五行真传口诀[1 册]	[明]蒋大鸿等撰	220.00	九州
第 31 种:杨曾九宫颠倒打劫图说[1 册]	[唐]杨筠松撰	200.00	九州
第 32 种:乌兔经奇验经[1 册]	[唐]杨筠松撰	180.00	九州
第 33 种:挨星考注[1 册]	[清]汪董缘订定	260.00	九州
第 34 种:地理挨星说汇要[1 册]	[明]蒋大鸿撰辑	220.00	九州
第 35 种:地理捷诀[1 册]	[清]傅禹辑	200.00	九州
第 36 种:地理三仙秘旨[1 册]	清抄秘本	200.00	九州
第 37 种:地理三字经[3 册]	[清]程思乐撰	580.00	九州
第 38 种:地理雪心赋注解[2 册]	[唐]卜则嵬撰	380.00	九州
第 39 种:蒋公天元余义[1 册]	[明]蒋大鸿等撰	220.00	九州
第 40 种:地理真传秘旨[3 册]	[唐]杨筠松撰	580.00	九州
增补四库未收方术汇刊第一辑(全 28 函)	线装影印本	11800.00	九州
第一辑 01 函:火珠林·卜筮正宗	[宋]麻衣道者著	340.00	九州
第一辑 02 函:全本增删卜易·增删卜易真诠	[清]野鹤老人撰	720.00	九州
第一辑 03 函:渊海子平音义评注·子平真诠·命理易知	[明]杨淙增校	360.00	九州
第一辑 04 函:滴天髓:附滴天秘诀·穷通宝鉴:附月谈赋	[宋]京图撰	360.00	九州
第一辑 05 函:参星秘要诹吉便览·玉函斗首三台通书·精校三元总录	[清]俞荣宽撰	460.00	九州
第一辑 06 函:陈子性藏书	[清]陈应选撰	580.00	九州
第一辑 07 函:崇正辟谬永吉通书·选择求真	[清]李奉来辑	500.00	九州
第一辑 08 函:增补选择通书玉匣记·永宁通书	[晋]许逊撰	400.00	九州
第一辑 09 函:新增阳宅爱众篇	[清]张觉正撰	480.00	九州
第一辑 10 函:地理四弹子·地理铅弹子砂水要诀	[清]张九仪注	340.00	九州
第一辑 11 函:地理五诀	[清]赵九峰著	200.00	九州

书　　名	作　者	定　价	版别
第一辑 12 函:地理直指原真	[清]释如玉撰	280.00	九州
第一辑 13 函:宫藏真本入地眼全书	[宋]释静道著	680.00	九州
第一辑 14 函:罗经顶门针·罗经解定·罗经透解	[明]徐之镆撰	360.00	九州
第一辑 15 函:校正详图青囊经·平砂玉尺经·地理辨正疏	[清]王宗臣著	300.00	九州
第一辑 16 函:一贯堪舆	[明]唐世友辑	240.00	九州
第一辑 17 函:阳宅大全·阳宅十书	[明]一壑居士集	600.00	九州
第一辑 18 函:阳宅大成五种	[清]魏青江撰	600.00	九州
第一辑 19 函:奇门五总龟·奇门遁甲统宗大全·奇门遁甲元灵经	[明]池纪撰	500.00	九州
第一辑 20 函:奇门遁甲秘笈全书	[明]刘伯温辑	280.00	九州
第一辑 21 函:奇门庐中阐秘	[汉]诸葛武侯撰	600.00	九州
第一辑 22 函:奇门遁甲元机·太乙秘书·六壬大占	[宋]岳珂纂辑	360.00	九州
第一辑 23 函:性命圭旨	[明]尹真人撰	480.00	九州
第一辑 24 函:紫微斗数全书	[宋]陈抟撰	200.00	九州
第一辑 25 函:千镇百镇桃花镇	[清]云石道人校	220.00	九州
第一辑 26 函:清抄真本祝由科秘诀全书·轩辕碑记医学祝由十三科	[上古]黄帝传	800.00	九州
第一辑 27 函:增补秘传万法归宗	[唐]李淳风撰	160.00	九州
第一辑 28 函:神机灵数一掌经金钱课·牙牌神数七种·珍本演禽三世相法	[清]诚文信校	440.00	九州
增补四库未收方术汇刊第二辑(全 36 函)	线装影印本	13800.00	九州
第二辑第 1 函:六爻断易一撮金·卜易秘诀海底眼	[宋]邵雍撰	200.00	九州
第二辑第 2 函:秘传子平渊源	燕山郑同校辑	280.00	九州
第二辑第 3 函:命理探原	[清]袁树珊撰	280.00	九州
第二辑第 4 函:命理正宗	[明]张楠撰集	180.00	九州
第二辑第 5 函:造化玄钥	庄圆校补	220.00	九州
第二辑第 6 函:命理寻源·子平管见	[清]徐乐吾撰	280.00	九州
第二辑第 7 函:京本风鉴相法	[明]回阳子校辑	380.00	九州
第二辑第 8—9 函:钦定协纪辨方书 8 册	[清]允禄编	780.00	九州
第二辑第 10—11 函:鳌头通书 10 册	[明]熊宗立撰辑	880.00	九州
第二辑第 12—13 函:象吉通书	[清]魏明远撰辑	1080.00	九州
第二辑第 14 函:选择宗镜·选择纪要	[朝鲜]南秉吉撰	360.00	九州
第二辑第 15 函:选择正宗	[清]顾宗秀撰辑	480.00	九州
第二辑第 16 函:仪度六壬选日要诀	[清]张九仪撰	680.00	九州
第二辑第 17 函:葬事择日法	郑同校辑	280.00	九州
第二辑第 18 函:地理不求人	[清]吴明初撰辑	240.00	九州
第二辑第 19 函:地理大成一:山法全书	[清]叶九升撰	680.00	九州
第二辑第 20 函:地理大成二:平阳全书	[清]叶九升撰	360.00	九州

书　　名	作　者	定　价	版别
第二辑第 21 函:地理大成三:地理六经注·地理大成四:罗经指南拔雾集·地理大成五:理气四诀	[清]叶九升撰	300.00	九州
第二辑第 22 函:地理录要	[明]蒋大鸿撰	480.00	九州
第二辑第 23 函:地理人子须知	[明]徐善继撰	480.00	九州
第二辑第 24 函:地理四秘全书	[清]尹一勺撰	380.00	九州
第二辑第 25—26 函:地理天机会元	[明]顾陵冈辑	1080.00	九州
第二辑第 27 函:地理正宗	[清]蒋宗城校订	280.00	九州
第二辑第 28 函:全图鲁班经	[明]午荣编	280.00	九州
第二辑第 29 函:秘传水龙经	[明]蒋大鸿撰	480.00	九州
第二辑第 30 函:阳宅集成	[清]姚廷銮纂	480.00	九州
第二辑第 31 函:阴宅集要	[清]姚廷銮纂	240.00	九州
第二辑第 32 函:辰州符咒大全	[清]觉玄子辑	480.00	九州
第二辑第 33 函:三元镇宅灵符秘箓·太上洞玄祛病灵符全书	[明]张宇初编	240.00	九州
第二辑第 34 函:太上混元祈福解灾三部神符	[明]张宇初编	360.00	九州
第二辑第 35 函:测字秘牒·先天易数·冲天易数/马前课	[清]程省撰	360.00	九州
第二辑第 36 函:秘传紫微	古朝鲜抄本	240.00	九州
子部善本 1:新刊地理玄珠	精装古本影印	380.00	华龄
子部善本 2:参赞玄机地理仙婆集	精装古本影印	380.00	华龄
子部善本 3:章仲山地理九种(上下)	精装古本影印	760.00	华龄
子部善本 4:八门九星阴阳二遁全本奇门断	精装古本影印	760.00	华龄
子部善本 5:六壬统宗大全	精装古本影印	380.00	华龄
子部善本 6:太乙统宗宝鉴	精装古本影印	380.00	华龄
子部善本 7:重刊星海词林(全五册)	精装古本影印	1900.00	华龄
子部善本 8:万历初刻三命通会(上下)	精装古本影印	760.00	华龄
子部善本 9:增广沈氏玄空学(上下)	精装古本影印	760.00	华龄
子部善本 10:江公择日秘稿	精装古本影印	380.00	华龄
子部善本 11:刘氏家藏阐微通书(上下)	精装古本影印	760.00	华龄
子部善本 12:影印增补高岛易断(上下)	精装古本影印	760.00	华龄
子部善本 13:清刻足本铁板神数	精装古本影印	380.00	华龄
子部善本 14:增订天官五星集腋(上下)	精装古本影印	760.00	华龄
子部善本 15:太乙奇门六壬兵备统宗(上中下)	精装古本影印	1140.00	华龄
子部善本 16:御定景祐奇门大全(上下)	精装古本影印	760.00	华龄
子部善本 17:地理四秘全书十二种	精装古本影印	380.00	华龄
子部善本 18:全本地理统一全书	精装古本影印	380.00	华龄
子部善本 19:廖公画策扒砂经(上下)	精装古本影印	760.00	华龄
子部善本 20:明刊玉髓真经(上下)	精装古本影印	760.00	华龄
子部善本 21:蒋大鸿家藏地学捷旨	精装古本影印	380.00	华龄
子部善本 22:阳宅安居金镜(上下)	精装古本影印	760.00	华龄
子部善本 23:新刊地理紫囊书(上下)	精装古本影印	760.00	华龄

书 名	作 者	定 价	版别
子部善本 24:地理大成五种(上下)	精装古本影印	760.00	华龄
子部善本 25:初刻鳌头通书大全(上中下)	精装古本影印	1140.00	华龄
子部善本 26:初刻象吉备要通书大全(上中下)	精装古本影印	1140.00	华龄
子部善本 27:武英殿板钦定协纪辨方书(上下)	精装古本影印	760.00	华龄
子部善本 28:初刻陈子性藏书(上下)	精装古本影印	760.00	华龄
子平遗书第 1 辑(命例集,甲子至戊辰全三册)	精装古本影印	980.00	华龄
子平遗书第 2 辑(命例集,庚午至甲戌全三册)	精装古本影印	980.00	华龄
子平遗书第 3 辑(命例集,乙亥至戊子全三册)	精装古本影印	980.00	华龄
子平遗书第 4 辑(命例集,庚寅至庚子全三册)	精装古本影印	980.00	华龄
子平遗书第 5 辑(命例集,辛丑至癸丑全三册)	精装古本影印	980.00	华龄
子平遗书第 6 辑(命例集,甲寅至辛酉全三册)	精装古本影印	980.00	华龄
风水择吉第一书:辨方(简体精装)	李明清著	168.00	华龄
珞琭子三命消息赋古注通疏(精装上下)	一明注疏	188.00	华龄
增补高岛易断(简体横排精装上下)	(清)王治本编译	198.00	华龄
中国古代术数基础理论(精装 1 函 5 册)	刘昌易著	495.00	团结
飞盘奇门:鸣法体系校释(精装上下)	刘金亮撰	198.00	九州
白话高岛易断(上下)	孙正治孙奥麟译	128.00	九州
润德堂丛书全编 1:述卜筮星相学	袁树珊著	38.00	华龄
润德堂丛书全编 2:命理探原	袁树珊著	38.00	华龄
润德堂丛书全编 3:命谱	袁树珊著	68.00	华龄
润德堂丛书全编 4:大六壬探原 养生三要	袁树珊著	38.00	华龄
润德堂丛书全编 5:中西相人探原	袁树珊著	38.00	华龄
润德堂丛书全编 6:选吉探原 八字万年历	袁树珊著	38.00	华龄
润德堂丛书全编 7:中国历代卜人传(上中下)	袁树珊著	168.00	华龄
三式汇刊 1:大六壬口诀纂	[明]林昌长辑	68.00	华龄
三式汇刊 2:大六壬集应钤	[明]黄宾廷撰	198.00	华龄
三式汇刊 3:奇门大全秘纂	[清]湖海居士撰	68.00	华龄
三式汇刊 4:大六壬总归	[宋]郭子晟撰	58.00	华龄
三式汇刊 5:大六壬心镜	[唐]徐道符辑	48.00	华龄
三式汇刊 6:壬窍	[清]无无野人撰	48.00	华龄
青囊汇刊 1:青囊秘要	[晋]郭璞等撰	48.00	华龄
青囊汇刊 2:青囊海角经	[晋]郭璞等撰	48.00	华龄
青囊汇刊 3:阳宅十书	[明]王君荣撰	48.00	华龄
青囊汇刊 4:秘传水龙经	[明]蒋大鸿撰	68.00	华龄
青囊汇刊 5:管氏地理指蒙	[三国]管辂撰	48.00	华龄
青囊汇刊 6:地理山洋指迷	[明]周景一撰	32.00	华龄
青囊汇刊 7:地学答问	[清]魏清江撰	58.00	华龄
青囊汇刊 8:地理铅弹子砂水要诀	[清]张九仪撰	68.00	华龄
青囊汇刊 9:地理啖蔗录	[清]袁守定著	48.00	华龄
青囊汇刊 10:八宅明镜	[清]箬冠道人编	48.00	华龄

书　　名	作　者	定　价	版别
青囊汇刊11:罗经透解	[清]王道亨著	58.00	华龄
青囊汇刊12:阳宅三要	[清]赵玉材撰	48.00	华龄
青囊汇刊13:一贯堪舆(上下)	[明]唐世友辑	108.00	华龄
青囊汇刊14:地理辨证图诀直解	[唐]杨筠松著	58.00	华龄
青囊汇刊15:地理雪心赋集解	[唐]卜应天著	58.00	华龄
青囊汇刊16:四神秘诀	[元]董德彰撰	58.00	华龄
子平汇刊1:渊海子平大全	[宋]徐子平撰	48.00	华龄
子平汇刊2:秘本子平真诠	[清]沈孝瞻撰	38.00	华龄
子平汇刊3:命理金鉴	[清]志于道撰	38.00	华龄
子平汇刊4:秘授滴天髓阐微	[清]任铁樵注	48.00	华龄
子平汇刊5:穷通宝鉴评注	[清]徐乐吾注	48.00	华龄
子平汇刊6:神峰通考命理正宗	[明]张楠撰	38.00	华龄
子平汇刊7:新校命理探原	[清]袁树珊撰	48.00	华龄
子平汇刊8:重校绘图袁氏命谱	[清]袁树珊撰	68.00	华龄
子平汇刊9:增广汇校三命通会(全三册)	[明]万民英撰	168.00	华龄
纳甲汇刊1:校正全本增删卜易	郑同点校	68.00	华龄
纳甲汇刊2:校正全本卜筮正宗	郑同点校	48.00	华龄
纳甲汇刊3:校正全本易隐	郑同点校	48.00	华龄
纳甲汇刊4:校正全本易冒	郑同点校	48.00	华龄
纳甲汇刊5:校正全本易林补遗	郑同点校	38.00	华龄
纳甲汇刊6:校正全本卜筮全书	郑同点校	68.00	华龄
纳甲汇刊7:火珠林注疏	刘恒注解	48.00	华龄
古今图书集成术数丛刊:卜筮(全二册)	[清]陈梦雷辑	80.00	华龄
古今图书集成术数丛刊:堪舆(全二册)	[清]陈梦雷辑	120.00	华龄
古今图书集成术数丛刊:相术(全一册)	[清]陈梦雷辑	60.00	华龄
古今图书集成术数丛刊:选择(全一册)	[清]陈梦雷辑	50.00	华龄
古今图书集成术数丛刊:星命(全三册)	[清]陈梦雷辑	180.00	华龄
古今图书集成术数丛刊:术数(全三册)	[清]陈梦雷辑	200.00	华龄
四库全书术数初集(全四册)	郑同点校	200.00	华龄
四库全书术数二集(全三册)	郑同点校	150.00	华龄
四库全书术数三集:钦定协纪辨方书(全二册)	郑同点校	98.00	华龄
增补鳌头通书大全(全三册)	[明]熊宗立撰辑	180.00	华龄
增补象吉备要通书大全(全三册)	[清]魏明远撰辑	180.00	华龄
增广沈氏玄空学	郑同点校	68.00	华龄
地理点穴撼龙经	郑同点校	32.00	华龄
绘图地理人子须知(上下)	郑同点校	78.00	华龄
玉函通秘	郑同点校	48.00	华龄
绘图入地眼全书	郑同点校	28.00	华龄
绘图地理五诀	郑同点校	48.00	华龄
一本书弄懂风水	郑同著	48.00	华龄

书　　名	作　者	定　价	版别
风水罗盘全解	傅洪光著	58.00	华龄
堪舆精论	胡一鸣著	29.80	华龄
堪舆的秘密	宝通著	36.00	华龄
中国风水学初探	曾涌哲	58.00	华龄
全息太乙(修订版)	李德润著	68.00	华龄
时空太乙(修订版)	李德润著	68.00	华龄
故宫珍本六壬三书(上下)	张越点校	128.00	华龄
大六壬通解(全三册)	叶飘然著	168.00	华龄
壬占汇选(精抄历代六壬占验汇选)	肖岱宗点校	48.00	华龄
大六壬指南	郑同点校	28.00	华龄
六壬金口诀指玄	郑同点校	28.00	华龄
大六壬寻源编[全三册]	[清]周螭辑录	180.00	华龄
六壬辨疑　毕法案录	郑同点校	32.00	华龄
大六壬断案疏证	刘科乐著	58.00	华龄
六壬时空	刘科乐著	68.00	华龄
御定奇门宝鉴	郑同点校	58.00	华龄
御定奇门阳遁九局	郑同点校	78.00	华龄
御定奇门阴遁九局	郑同点校	78.00	华龄
奇门秘占合编:奇门庐中阐秘·四季开门	[汉]诸葛亮撰	68.00	华龄
奇门探索录	郑同编订	38.00	华龄
奇门遁甲秘笈大全	郑同点校	48.00	华龄
奇门旨归	郑同点校	48.00	华龄
奇门法窍	[清]锡孟樨撰	48.00	华龄
奇门精粹——奇门遁甲典籍大全	郑同点校	68.00	华龄
御定子平	郑同点校	48.00	华龄
增补星平会海全书	郑同点校	68.00	华龄
五行精纪:命理通考五行渊微	郑同点校	38.00	华龄
绘图三元总录	郑同编校	48.00	华龄
绘图全本玉匣记	郑同编校	32.00	华龄
周易初步:易学基础知识 36 讲	张绍金著	32.00	华龄
周易与中医养生:医易心法	成铁智著	32.00	华龄
增广梅花易数(精装)	刘恒注	98.00	华龄
梅花心易阐微	[清]杨体仁撰	48.00	华龄
梅花心易疏证	杨波著	48.00	华龄
梅花易数讲义	郑同著	58.00	华龄
白话梅花易数	郑同编著	30.00	华龄
梅花周易数全集	郑同点校	58.00	华龄
梅花易数	[宋]邵雍撰	28.00	九州
梅花易数(大字本)	[宋]邵雍撰	39.00	九州
河洛理数	[宋]邵雍述	48.00	九州

书　名	作　者	定　价	版别
一本书读懂易经	郑同著	38.00	华龄
白话易经	郑同编著	38.00	华龄
知易术数学:开启术数之门	赵知易著	48.00	华龄
术数入门——奇门遁甲与京氏易学	王居恭著	48.00	华龄
周易虞氏义笺订(上下)	[清]李翊灼校订	78.00	九州
阴阳五要奇书	[晋]郭璞撰	88.00	九州
壬奇要略(全5册:大六壬集应钤3册,大六壬口诀纂1册,御定奇门秘纂1册)	肖岱宗郑同点校	300.00	九州
周易明义	邸勇强著	73.00	九州
论语明义	邸勇强著	37.00	九州
中国风水史	傅洪光撰	32.00	九州
古本催官篇集注	李佳明校注	48.00	九州
鲁班经讲义	傅洪光著	48.00	九州
天星姓名学	侯景波著	38.00	燕山
解梦书	郑同、傅洪光著	58.00	燕山
命理精论(精装繁体竖排)	胡一鸣著	128.00	燕山
辨方(繁体横排)	张明清著	236.00	星易
古易旁通	刘子扬著	320.00	星易
四柱预测机缄通	明理著	300.00	星易
奇门万年历	刘恒著	58.00	资料
图解新编中医四大名著:温病条辨	周重建、郭号	68.00	天津
图解新编中医四大名著:伤寒论	周重建、郭号	68.00	天津
图解新编中医四大名著:黄帝内经	周重建、郭号	68.00	天津
图解新编中医四大名著:金匮要略	周重建、郭号	68.00	天津
中药学药物速认速查小红书(精装64开)	周重建	88.00	天津
国家药典药物速认速查小红书(精装64开)	高楠楠	88.00	天津